Inhaltsverzeichnis

CW01507641

Eckard Wolz-Gottwald

Yoga-Weisheit leben
Philosopische Übungen für die Praxis

Eckard Wolz-Gottwald

Yoga-Weisheit leben
Philosopische Übungen für die Praxis

1. Auflage 2009

Verlag Via Nova, Alte Landstraße 12, 36100 Petersberg
Telefon: (06 61) 6 29 73
Fax: (06 61) 9 67 95 60
E-Mail: info@verlag-vianova.de

Internet:
www.verlag-vianova.de
www.transpersonale.de

Umschlaggestaltung: Marketing Design Service GmbH, Hamburg
Satz: Dr. Eckard Wolz-Gottwald
Druck und Verarbeitung: Fuldaer Verlagsanstalt, 36037 Fulda
© Alle Rechte vorbehalten

ISBN 978-3-86616-137-5

Einleitung

Von der Theorie zur Philosophie als Übung

‚Yoga-Weisheit leben' ist ein Übungsbuch der Yoga-Philosophie. Das Buch vermittelt Hintergrundwissen und die theoretischen Grundlagen des Yoga. Es wird erklärt, wie Yoga funktioniert, was Transformation, Erwachen und was Erleuchtung heißt. Und es zeigt auch die Theorie der Übung auf. Die großen Themen des Yoga sind lebensnah interpretiert, von der Frage nach der Wiedergeburt, über die Philosophie des OM bis hin zur Suche nach der Gottes- oder Selbsterfahrung.

So wichtig diese Theorien der Yoga-Philosophie auch sind, so bilden sie doch nur die Oberfläche des Yoga. Letztlich bedeutet Yoga-Philosophie viel mehr. Theorien *über* Yoga bilden nur die äußere Schale, nicht die eigentliche Frucht der Yoga-Philosophie. Die Theorien sind der Ausgangspunkt, von dem aus es in die Tiefen der eigenen Erfahrung durchzubrechen gilt. Yoga-Philosophie wird selbst zum Übungsweg. Jedes Kapitel dieses Buches ist verbunden mit einer konkreten Reflexionsübung, durch die Yoga-Philosophie nicht nur verständlich, sondern auch praktisch anwendbar und erfahrbar wird. Die Lehren der Yoga-Philosophie wandeln sich von Theorien über Yoga zur Erfahrung der Philosophie des Yoga. Yoga-Philosophie wird zur Übung der Bewusstseinsschulung.

Als Übung gilt Yoga-Philosophie in der Tradition als ‚höchstes Läuterungsmittel'. Was bedeutet hier jedoch

‚Läuterung'? Läuterung heißt Reinigung. Dabei geht es nicht um eine äußere Reinigung, wie wenn man sich mit Seife schmutzige Hände reinigt. Der Schmutz, der hier gemeint ist, sind die Verspannungen in Körper und Geist, die Unbewusstheiten, Getriebenheiten und Süchte. Yoga-Philosophie wird zur Übung einer inneren Läuterung, wenn wir über das theoretische Lernen der Prinzipien des Yoga-Weges hinaus die Philosophie auch auf uns selbst anwenden, wenn wir uns in unserer eigenen Unbewusstheit wahrnehmen, an ihr arbeiten und uns auf den Weg der Bewusstseinsschulung machen. Es geht dann nicht nur um Verstehen, wie Yoga den Menschen wandelt, sondern um ein Erfahren, wie wir uns selbst zu wandeln beginnen. Yoga-Philosophie als Übung bedeutet mehr als das Nachdenken über die Prinzipien des Menschseins. Sie zeigt den Weg zur Erfahrung der Tiefen unserer eigenen Existenz.

Am Anfang werden Hilfen gegeben, die Welt theoretisch begreifen zu lernen. Dann wird es wichtig, das Bewusstsein für unsere innige Eingebundenheit in den Kosmos zu entwickeln. Zuerst geht es um theoretische Prinzipien der yogischen Ethik, das heißt um Regeln und Gebote guten Handelns. Als Übungspraxis schult Yoga-Philosophie die Bewusstheit für gutes Handeln aus den Tiefen der eigenen Existenz. Über die Ansammlung von theoretischem Wissen hinaus geschieht jetzt das Wachsen von Weisheit, von Weisheit des Körpers, der Seele und des Geistes. Wenn Yoga-Philosophie zu Beginn noch belehrt, so liegt ihr Ziel doch darin, den Menschen aufzuwecken. Gemeint ist die Weisheit, die mit den gesprochenen Worten der Sprache noch nicht gesagt ist.

Die Worte der Yoga-Philosophie weisen auf einen verborgenen Schatz in uns, der dann entdeckt wird, wenn wir beginnen, Yoga zu leben.

Yoga-Philosophie als Aufstieg auf einen Berg

Yoga-Philosophie zu üben kann man sich vorstellen als die Vorbereitungen, die Hilfsmittel und vielleicht auch die Wegzehrung für den Aufstieg auf einen Berg. Das Verstehen der Theorien des Yoga verlangt viel Anstrengung und ein umfassendes Studium. Yoga-Theorien beeindrucken in ihrer Komplexität und Prägnanz. Theoretisches Wissen über Yoga kann Halt und Festigkeit geben. Je mehr Wissen wir ansammeln, desto mehr können wir auch festen Boden unter unseren Füßen gewinnen.

Alles Nachdenken und alle Theorien über Yoga sind jedoch nur wie das vorbereitende Kreisen um den Berg, den wir eigentlich besteigen sollten. Komplizierte Theorien gehen dabei komplizierte Wege, einfache Theorien machen es sich etwas leichter. Immer jedoch verbleibt man noch am Boden, am Fuße des Berges. Manche Yoga-Theoretiker wissen sogar gar nicht, dass es so etwas wie einen Berg gibt. Andere meinen, schon weit auf den Berg hinaufgestiegen zu sein, und deuten ihr Gehen auf der Ebene als das Klettern zum Gipfel. Bei aller Bewegung, die sie verursachen, sind die Theorien es jedoch nicht, die zum Aufstieg führen.

Yoga-Philosophie im tieferen Sinn bedeutet das Wagnis des Aufstiegs auf den Berg. Aber wann geschieht nun endlich der Aufstieg? Aufsteigen heißt, das Wissen über Yoga auf uns selbst anzuwenden, den Weg des Wandels und der

Transformation selbst zu gehen. Yoga-Philosophie wird zur Übung des Denkens, wenn nicht nur die Einsicht über den Yoga, sondern die Einsicht über uns selbst wächst. Auf den Berg des Yoga hinaufsteigen heißt: sich selbst verwandeln. Und wir verwandeln uns, wenn sich die Verspannungen, Unbewusstheiten und Getriebenheiten lösen und so Klarheit über unser wahres Selbst zu wachsen beginnt. Dabei kann der Aufstieg der Yoga-Philosophie durchaus auch schwer sein. Er muss es aber nicht. Die einen lassen sich von einfachen Geschichten der Yoga-Philosophie inspirieren. Andere lieben die denkerische Herausforderung und werden eher durch die schwer zu verstehenden, abstrakten Formulierungen der *Yoga-Sūtras* angesprochen. Das einzig Wichtige ist, sich durch die Beschäftigung mit Yoga-Philosophie verändern zu lassen, so dass Bewusstheit und Einsicht wächst. Nur wenn in dieser Weise Yoga-Philosophie zur Übung wird, dann ist mit Recht von der Yoga-Philosophie als dem ‚höchsten Läuterungsmittel' zu sprechen.

Das volle Potential des Yoga entfalten

Yoga bedeutet nicht nur das Üben mit dem Körper. Die Körperübungen des Yoga stellen heute zwar die am meisten verbreitete Form des Yoga dar. Wie die Körperübungen mit dem Körper üben, die Atemübungen mit dem Atem, die Yoga-Meditation mit einem geistigen Gegenstand, so übt die Yoga-Philosophie mit dem Denken. Yoga-Philosophie zeigt sich als ein einzelnes Glied in dem großen Netzwerk der verschiedenen Yoga-Wege. Uns ist mit diesem Netzwerk der Yoga-Wege ein breites Spektrum an Möglichkeiten an die

Hand gegeben, das es zu nutzen gilt. Die verschiedenen Übungswege vermögen sich wechselseitig zu unterstützen, um ihr volles Potential zu entfalten. Die Körper- und Atemübungen werden den Yoga-Philosophen erden. Und umgekehrt können wir durch das Üben der Yoga-Philosophie die Körperpraxis intensivieren. Gerade in der wechselseitigen Befruchtung und Förderung der verschiedenen Übungsformen liegt die große Chance, die uns die Vielfalt der Yoga-Wege aufzeigt. Es wächst die Klarheit darüber, was die Körperübungspraxis bezwecken soll. Wir können besser beurteilen, ob wir uns bei unserem Üben auf dem richtigen Weg oder auf einem Abweg befinden, ob die gewählte Praxis die für uns geeignete ist oder ob eine andere Übungsform gewählt werden sollte. Yoga-Philosophie hilft so, den ursprünglichen Sinn der eigenen Yoga-Praxis zu erfahren, zu erkennen, was Yoga ist und was Yoga will. Ziel ist nicht nur, das Wissen über Yoga zu vertiefen, sondern vor allem auch die Bewusstheit des eigenen Übens zu erweitern. Es geht darum, besser zu verstehen, was wir eigentlich tun, wenn wir Yoga üben. Die in der Yoga-Philosophie gewonnenen Einsichten unterstützen das Üben mit Körper und Atem oder auch die Meditation.

Das volle Potential des Yoga wird jedoch erst dann entfaltet, wenn klar wird, dass sich Yoga nicht nur auf die Übungszeiten beschränkt, einmal wöchentlich im Kurs oder vielleicht sogar schon täglich auf der eigenen Matte. Yoga-Philosophie fördert dann nicht nur das bewusstere Üben, sondern auch das bewusstere Leben. Die Aufgabe der Yoga-Philosophie ist erst dann erfüllt, wenn erkannt wird, dass

Yoga einen Lebensweg bedeutet, was man seit alters her mit dem Sanskrit-Begriff *sādhana* zum Ausdruck bringt. Yoga als *sādhana* heißt, dass das gesamte Leben zum Feld der Übung wird, zur Übung einer umfassenden Bewusstheit für ein echtes und ursprüngliches Leben aus der inneren Mitte. Yoga-Philosophie erfahren heißt Veränderung, Transformation und Wachstum erfahren, um so achtsamer zu werden für das, was wirklich im Leben trägt.

Von der Denk-Akrobatik zu Transformation und Wachstum

Worin besteht nun die Meisterschaft im Yoga? Sind die leichten Körperübungen, in welchen die Arme in bewusster Weise gehoben oder gesenkt werden, weniger wert als die schweren Stellungen, die eine große Dehnbarkeit und Sportlichkeit voraussetzen? Manche sehen Kopfstand oder Lotossitz als Ideal der Yoga-Praxis, verwechseln dabei aber Yoga mit ‚Körperakrobatik'. Ein Akrobat mag andere Menschen beeindrucken, insbesondere dann, wenn er seine Yoga-Kunststücke zur Schau stellt. Ein besserer Yogī oder eine bessere Yoginī muss er deswegen noch lange nicht sein.

Die Körperübungen des Yoga leben aus ihrer inneren Mitte, wenn die Praxis die Übenden zu verändern beginnt, wenn sich Verkrampfungen und Verspannungen lösen, Sammlung und Gelassenheit entsteht, wenn Bewusstheit von Körper und Geist wächst. Bei den einen geschieht dies durch leichte und sanfte Übungen. Andere brauchen die Herausforderung, den *body workout* samt Dusche nach dem Üben. Wichtig ist, dass Veränderung und Wachstum geschieht. Yoga wirkt, wenn die Übungen einen Wachstumsprozess fördern, Wachstum an Lebendigkeit und Bewusstheit aus der Tiefe der inneren Mitte.

Wie mit den Körperübungen des Yoga verhält es sich auch mit der Philosophie des Yoga. Viele glauben, Yoga-Philosophie müsse schwer sein, kompliziert, abstrakt und gespickt mit Fachbegriffen aus dem Sanskrit. Der Körperakrobat wie auch der Denkakrobat mag andere Menschen in Staunen über seine außergewöhnlichen Fertigkeiten versetzen. Wie Yoga als Körperakrobatik keinen echten Yoga bedeutet, so berührt Yoga-Philosophie als Denkakrobatik nur die äußere Schale des Yoga und nicht das innere Leben. Der innere Sinn der Yoga-Philosophie meint ein Denken, das die Üben-den verändert. Yoga-Philosophie im ursprünglichen Sinn wird zu einem Erfahrungsweg. Yoga-Philosophie heißt, sich auf eine Forschungsreise nach dem verborgenen Schatz des Yoga zu begeben, der tief in unserem Inneren ruht. Die Tradition der zum Teil Jahrtausende alten Yoga-Philosophie kann helfen, den Schatz des Yoga heute in uns selbst zu erfahren.

Wie übt man Yoga-Philosophie?

In diesem Übungsbuch finden Sie leichte, dann aber durchaus auch anspruchsvolle Texte. Es wird mit anschau-lichen und eingängigen Bildern gearbeitet. Sie finden aber auch immer wieder Fachbegriffe aus dem Sanskrit einge-führt. Da die Themen jedoch jeweilig eigenständige Ein-heiten bilden, ist es nicht notwendig, ein Kapitel nach dem anderen zu erarbeiten. Nehmen Sie sich die Freiheit, den Einstieg in dieses Buch selbst nach Ihren eigenen Interessen zu wählen. Wenn Ihnen das Wissen über die geschichtlichen Hintergründe des Yoga wichtig ist, so beginnen Sie mit dem ersten Abschnitt dieses Buches. Wollen Sie vor allem besser verstehen, was mit Ihnen auf dem Yoga-Weg geschieht, so beginnen Sie mit Abschnitt zwei, der Philosophie des Yoga-Weges. Es ist jedoch durchaus auch möglich, mit der Philosophie zur Übungspraxis des dritten Abschnittes einzusetzen oder mit einem der großen Themen der Yoga-Philosophie des vierten Abschnittes.

Jedes Kapitel ist verbunden mit einer Übung, die hilft, Yoga-Philosophie nicht nur verständlich, sondern erfahrbar zu machen. Dabei gilt: Weniger bedeutet oft mehr. Nicht die Menge der absolvierten Übungen, sondern die Intensität des Übens zählt. Eine Überdosis von Yoga-Philosophie erhöht nicht ihre Wirkung. Es ist ratsam, möglichst nur ein, höchstens zwei Kapitel an einem Tag zu lesen und zu üben. Lassen Sie sich hierbei jedoch für ein intensives Reflektieren und Nachdenken Zeit. Wie der Yoga insgesamt, so lebt auch die Yoga-Philosophie von der Wiederholung. In Ihrer Körperpraxis erlernen Sie nicht jede Stunde eine neue Stellung, sondern wiederholen dieselbe Übung immer wieder und erlangen gerade hierdurch Bewusstheit und Tiefe. So ist es auch besser, ein und denselben philosophischen Text mehrere Male zu lesen und zu üben und nicht viele Kapitel nacheinander nur oberflächlich abzuarbeiten. Lassen Sie sich überraschen, wie Sie dasselbe Thema in der Wiederholung immer besser verstehen lernen. Die Erkenntnisse der Reflexionsübungen können so auch in den Alltag mitgenommen werden und dort, vielleicht sogar gerade dann,

wenn Sie nicht daran denken, plötzliche Einsichten hervorbringen und so ihre volle Wirkungskraft entfalten. Die Erkenntnisse der Yoga-Philosophie dienen als Wegzehrung für
den Alltag. Yoga-Philosophie hilft in dieser Weise, Yoga
nicht nur in den Übungszeiten zu erfahren, sondern auch im
Alltag zu leben.

Stellen Sie sich darauf ein, durch das Üben von Yoga-
Philosophie einen Weg zu gehen, der sie verändern könnte.
Yoga-Philosophie wird dann zu einem Weg, in dem wir
nicht nur etwas über Yoga, sondern mehr über uns selbst
erfahren, über unsere Unbewusstheiten und Getriebenheiten,
aber auch über die Möglichkeiten, sie zu lösen, um uns so
auf den Weg zu wachsender Bewusstheit und Klarheit zu
machen. Den Weg des Yoga philosophisch zu gehen bedeutet dann, den je eigenen Lebensweg zu intensivieren, so
dass wir uns immer tiefer des Wunders unseres Lebens
bewusst werden.

I. Geschichtliche Hintergründe

1. Der Ursprung des Yoga

Was ist Yoga? Diejenigen, die schon immer vermutet haben, dass Yoga viel mehr bedeutet, als den eigenen Körper wie eine Brezel verknoten zu können, haben wohl Recht. Aber was bedeutet dieses ‚Mehr'? Was ist der ursprüngliche Sinn des Yoga, wie er vor vielen tausend Jahren im alten Indien entdeckt wurde? Interessanterweise sind sich nicht alle sicher, wann genau diese Entdeckung des Yoga stattfand. Archäologen gruben im Nordwesten des indischen Subkontinents, im heutigen Pakistan, Ruinen von Städten aus, die wahrscheinlich 3000 v. Chr. existiert haben. In diesen Ruinen fanden sie kleine Täfelchen mit hockenden Menschen, die an auf dem Boden sitzende Yogīs erinnern. Aber nur einen Yoga-Sitz einnehmen zu können, bedeutet noch nicht, ein Yogī zu sein. Ob man zu jener Zeit Yoga wirklich schon kannte, ist aus der Perspektive seriöser Forschung nicht zu sagen.

Erst später, im zweiten Jahrtausend v. Chr. entstanden dann die ältesten Texte des Hinduismus. Dort wird von ‚schweigenden Asketen' berichtet, die sich von der Gesellschaft zurückgezogen hatten, um ein Leben in völligem Schweigen zu führen. Können jedoch diese Asketen, die sich aus dem Trubel des Alltags zurückzogen, um das Schweigen zu üben, wirklich schon als Yogīs bezeichnet werden?

Die wirkliche Entdeckung des Yoga fand erst viel später statt, wahrscheinlich zwischen dem 7. und 6. Jahrhundert v. Chr.

Diese ersten wirklichen Yogīs waren damals allerdings nur wenig daran interessiert, das aufzuschreiben, was sie erfahren hatten. Aber wir haben Glück. Die Priester der damaligen Zeit, die *Brahmanen*, erkannten den großen Wert der Entdeckung des Yoga. Sie nahmen die Formulierungen der ersten Yogīs in ihre eigenen heiligen Texte des *Veda* auf und gaben diesen frühesten Textzeugnissen des Yoga den Namen *Upaniṣad*, das heißt ,Geheimtext'. Zahlreiche solcher Geheimtexte sind damals entstanden. Da die *Upaniṣads* aber nicht aufgeschrieben wurden, sondern man sie auswendig lernen musste, wurden sie vom Lehrer den Schülern mündlich vorgetragen. Die Schüler konnten sie wiederum auswendig lernen, um die Texte dann später wiederum ihren Schülern weiterzugeben. So wurden uns die ältesten Zeugnisse des Yoga in den *Upaniṣads* zunächst mündlich viele Jahrhunderte überliefert, bis sie dann in weit späterer Zeit aufgeschrieben wurden. Heute liegen uns die Zeugnisse vom Ursprung des Yoga in Buchform vor. Jeder kann diese Bücher erwerben, so dass es nicht mehr wie in alter Zeit notwendig ist, persönlicher Schüler eines Brahmanen oder Yoga-Meisters zu werden, um etwas über den Ursprung des Yoga zu erfahren.

Was haben nun die ersten Yogīs gefunden, als sie vor fast 3000 Jahren im alten Indien zum ersten Mal Yoga entdeckten? Was steht in den altehrwürdigen Texten der *Upaniṣads*? Fest steht, dass es auch damals schon schwer war, Yoga-Erfahrungen in Worte zu fassen. Um aber trotzdem ihren Schülern erklären zu können, was sie erfahren hatten, griffen die ersten Yogīs auf die Vorstellungen der damaligen Religion zurück. Wenn wir heute wissen wollen, was Yoga in seinem

Ursprung bedeutet, müssen wir uns in die Götterwelt des alten Indien begeben. Wir stoßen auf Bilder, die auch uns heute lebenden Menschen etwas Wichtiges sagen können.

So ist in einer der ältesten *Upaniṣads* von drei zentralen Göttern die Rede, von *Indra*, von *Vāyu* und von *Agni*. Diese Götter des *Veda* machten eine ganz besondere Erfahrung. Sie begegneten dem ,*brahman*'. Der Sanskrit-Begriff *brahman* wird meist mit das ,Absolute' übersetzt. Die drei Götter erkannten jedoch das *brahman* nicht. Der Text erklärt, dass mit *brahman* als dem Absoluten das Fundament der ganzen Realität gemeint ist. Auf *brahman* gründet das Universum. Auf *brahman* gründen nicht nur die Menschen, sondern sogar die Götter selbst. Selbst die mächtigsten Götter leben aus der Kraft des *brahman*, auch die drei Götter *Indra*, *Vāyu* und *Agni*. Aber sie bemerkten es nicht und glaubten, dass sie durch ihre eigene Kraft ihre göttliche Macht erlangt hätten. Die drei Götter sahen zwar, dass da etwas ist, sie erkannten aber das *brahman* nicht und fragten sich nur: ,Was ist das für ein Wunderding?'.

Als erstes schickten sie, so die Erzählung der alten *Upaniṣad*, den Feuergott *Agni* aus, um diese für sie wundersame Erscheinung des *brahman* zu ergründen. Als nun *Agni*, seiner großen Macht bewusst, auf das Absolute zustürmte, drehte dieses den Spieß um und fragte ihn: ,Wer bist du?'. *Agni* antwortete sofort, dass er der große Feuergott sei, der alles zerstören könne, was es auf der Welt gibt. Das Absolute legte ihm zur Probe daraufhin einen Strohhalm hin, und forderte *Agni* auf, diesen zu verbrennen. Seltsamerweise vermochte der mächtige Feuergott selbst mit größter Anstrengung nicht den Strohhalm des Absoluten zu beschädigen und musste erfolglos zu den beiden anderen Göttern zurückkehren.

Als zweiter wurde nun *Vāyu* geschickt, der als Windgott mit seiner immensen Kraft alles sich im Luftraum Befindliche zu bewegen versteht. Auch ihm legte das Absolute einen Strohhalm hin, den er trotz seiner Stärke keinen Millimeter zu bewegen verstand. Auch er musste ohne Erfolg zurückkehren.

Als nun in einem letzten Versuch der Götterkönig *Indra* selbst das Absolute zu ergründen versuchte, da verbarg es sich vor ihm. Selbst mit der höchsten göttlichen Gewalt war es nicht möglich, die alles gründende Realität des Absoluten zu erfahren.

Interessanterweise nimmt genau dann, als alle Kraft der Götter versagte, die Erzählung die entscheidende Wendung. Es tritt eine bis dahin vollkommen unbekannte weibliche Gestalt auf, die *Umā,* die ‚Tochter des *Himālaya*‘. Mit ihrer Weiblichkeit setzt sie einen Gegenpunkt zur Macht der männlichen Götter. Die *Umā* gilt als das Symbol für die Hingabe, für die Intuition und für das Nicht-Machen. Es ist diese Frau, die den Weg des Loslassens und der Hingabe weist, die den großen Göttern nun die Antwort auf ihr Suchen gibt, indem sie erklärt: ‚Es ist das Absolute, auf das alle eure Macht gründet‘. Erst daraufhin erkennen zuerst *Indra* und dann auch die beiden anderen Götter das *brahman*. Nun, nachdem sie all ihr Machen und Tun aufgegeben haben und sich für die Intuition und Hingabe öffneten, erfuhren die Götter, dass ihr Leben und ihre Stärke nicht auf ihrer eigenen Kraft gründen, sondern auf *brahman*, auf dem Absoluten. Sie erfuhren die allumfassende

Kraft des Absoluten, aus der die Menschen wie auch die Götter leben.

Keine Übung ist in diesem ältesten Text beschrieben, weder eine Körperübung noch eine Atemübung, noch Meditation. Man kannte zur damaligen Zeit weder einen Yoga-Sitz noch irgendwelche Yoga-Haltungen. Nicht einmal der Begriff Yoga ist bekannt. Am Anfang des Yoga stand keine Übung, sondern eine Erfahrung. Und diese Erfahrung versuchte man in der Denkwelt der damaligen *vedischen* Religion auszudrücken, aus der sich dann der heutige Hinduismus entwickelte. Man sprach von der Erfahrung des *brahman*, zu der man zum ersten Mal durchgebrochen war, von der Urerfahrung, aus der die ganze Welt ursprünglich lebt, ohne sich dessen bewusst gewesen zu sein.

Erst später fragten die Schüler dieser ersten *Yogīs* nach Übungen, die diese Urerfahrung des Yoga fördern konnten, und es wurden die ersten Yoga-Übungen entwickelt.

Obwohl man hier also noch nicht einmal den Begriff ‚Yoga‘ kannte, so ist in diesen ältesten Texten in einfachen Bildern doch schon alles gesagt, was später die zahlreichen Schulen des Yoga oft viel komplizierter zum Ausdruck bringen sollten. Die mächtigen Götter stehen für all unsere Bemühungen, selbst unser Leben in die Hand nehmen zu wollen, unser Leben machend zu gestalten. So ist es auch für uns möglich, wenn wir uns wirklich anstrengen, großen Wohlstand und Anerkennung zu erreichen. Aber selbst, wenn wir zu Göttern in dieser Welt aufsteigen würden, wäre dies für den Yoga nicht genug. Die ersten Yogīs machten eine wahrhaft revolutionäre Erfahrung. Sie erfuhren, dass es eine Realität gibt, auf die selbst die Götter gründen. Der Weg zu dieser Erfahrung ist mit dem Symbol der *Umā* ausgedrückt. *Umā* bedeutet Loslassen. *Umā* heißt Nicht-Machen. Und dieses Nicht-Machen ist viel mehr als alle Macht und alle Stärke der Götterwelt.

Die ersten Yogīs erkannten, dass der Mensch viel mehr ist, als er sich im Allgemeinen wahrnimmt. Wenn man es einfach ausdrückt, bedeutet die Entdeckung des Yoga die paradoxe Erfahrung, ‚weniger zu machen‘ und dafür ‚mehr zu bekommen‘. Dabei handelt es sich um ein ganz besonderes ‚Weniger‘. Yoga meint ein ‚Weniger-Machen‘, das zu einem inneren Wandel führt, zu einer inneren Loslösung. Und hierdurch eröffnet sich ein ganz besonderes ‚Mehr-Bekommen‘, wenn der Mensch im Hier und Jetzt in den Tiefen seines Herzens das *brahman*, das Absolute erfährt. Wenn wir lernen, wie die *Umā* loszulassen, dann eröffnet sich die Bewusstheit, dass wir in der Tiefe unseres Herzens letztendlich sogar aus dem Absoluten leben. Der Ursprung des Yoga weist auf Yoga als einen ganzheitlichen Lebensweg. Der Ursprung des Yoga weist auf die Entdeckung unseres ursprünglichen und eigentlichen, göttlichen Lebens.

Übung

Für die folgende Übung sollten Sie sich mindestens 10 Minuten Zeit lassen. Lesen Sie zuerst den gesamten Text und beginnen Sie erst dann, die Reflexionsübung durchzuführen. Hilfreich ist es, einen Stift und ein Stück Papier zur Hand zu nehmen, um die Ergebnisse der einzelnen Schritte in Stichworten aufschreiben zu können.

Was in dem alten Text mit den Bildern der männlichen ‚Götter', der weiblichen ‚Umā' und des absoluten ‚brahman' ausgedrückt wurde, entspricht konkreten Erfahrungen auf dem Weg des Yoga. Gehen Sie in einem ersten Schritt auf die Suche nach den Momenten in Ihrer eigenen Yoga-Praxis, in der Sie, wie zu Beginn die vedischen Götter Indra, Vāyu und Agni, die Übungen ‚machend' zu bewältigen suchen, wo Sie sich anstrengen, Ihre Ziele zu erreichen, wo Sie viel Mühe aufwenden, die Übung noch besser, noch perfekter zu machen. Welche Erfahrungen haben Sie mit dieser Form des Übens gemacht?

In einem zweiten Schritt schauen Sie auf Ihre Praxis, wo es Ihnen gelingt, die Haltung von Umā zu realisieren, wo Sie loslassen können.

* *Ist es Ihnen schon einmal gelungen, sich auf das Üben einzulassen, in Hingabe an das Üben nichts zu machen und so eine Kraft zu erfahren, von der Sie getragen werden, ohne dass Sie selbst etwas dazu geleistet hätten?*
* *Kennen Sie Momente, in welchen Sie in gewisser Weise ‚weniger machen' und dafür ‚mehr bekommen'?*

Vergegenwärtigen Sie sich, dass jede Yoga-Übung ihr Wesen darin findet, dass nicht Sie das Üben machen, sondern das Üben Sie trägt, was in der alten Upaniṣad mit dem Symbol der Umā zum Ausdruck gebracht wurde.

Vielleicht mögen solche Erfahrungen eine Ahnung davon geben, was die ältesten Texte des Yoga mit der Erfahrung der allumfassenden göttlichen Kraft des brahman meinen, aus der nicht nur der Mensch, sondern letztlich die gesamte Realität lebt. Die Ursprünge des Yoga weisen auf die Erfahrung des Absoluten, die im Allgemeinen so wenig bewusst ist, von der jedoch eine Ahnung aufleuchtet, wenn wir loslassen und uns einlassen auf das, was wirklich trägt in diesem Leben.

2. Die drei großen Traditionslinien

Zu Beginn der Geschichte des Yoga war die Erfahrung. Um die Meister, die zur Zeit der *Upaniṣads* ab dem 7. oder 6. Jahrhundert v. Chr. auftraten, sammelten sich Schüler. Es entstanden die ersten kleinen Yoga-Zirkel. Wahrscheinlich fragten die Schüler ihren Meister nach Wegen zur Erfahrung. Sie fragten nach Übungen, die diese Erfahrung fördern könnten. So wurde als erste Übung des Yoga die Meditation entwickelt, zum Teil verbunden mit vorbereitenden Atemübungen. Auch war der Yoga stark religiös ausgerichtet, auf die Perspektive der Erfahrung des göttlichen *brahman*. Yoga bedeutete einen Weg zur Gotteserfahrung. Aber schon sehr früh kristallisierten sich auch andere Schulen heraus, die den Weg des Yoga nicht religiös, sondern eher philosophisch verstanden. Auch für sie bildete die Meditation die zentrale Übung. Das Üben war jedoch hier auf die Erfahrung des höchsten ‚Selbst' ausgerichtet. Dieses Selbst, die Erfahrung der inneren Mitte des Menschen, bezeichnete man mit dem Sanskrit-Begriff *ātman*. Yoga wurde als Weg zur Bewusstheit für das tiefste Wesen des Menschen verstanden. Aus diesen Schulen entwickelte sich ein zweiter Traditionsstrang: der klassisch-philosophische Yoga. Lange Zeit konnte man so zwischen zwei Grundformen eines eher religiös und eines eher philosophisch ausgerichteten Yoga unterscheiden. In beiden Ausformungen des Yoga spielte die Meditation eine ganz besondere Rolle, einmal verbunden mit Ritualen der Hingabe und religiös-meditativen Gesängen, das andere Mal mit philosophischer Reflexion.

Erst lange Zeit später, vielleicht ab dem 10. oder 11. Jahrhundert n. Chr., entstand eine dritte Traditionslinie des Yoga, als man entdeckte, dass es äußerst hilfreich ist, auch den Körper in die Übungspraxis zu integrieren. Dies war die große Stunde des *Haṭha-Yoga*, des auch den Körper in die Übungspraxis integrierenden Yoga.

Wenn sich heute Yoga in einer Vielfalt von Übungswegen, Richtungen, Namen und Persönlichkeiten präsentiert und auf eine fast 3000-jährige Geschichte zurückblicken kann, so stützen sich alle Yoga-Wege letztlich auf diese drei großen Traditionslinien, erstens den religiösen Yoga, zweitens den klassisch-philosophischen Yoga und drittens den den Körper integrierenden *Haṭha-Yoga*. Es handelt sich um drei Traditionslinien mit je eigenen Grundtexten, eigenen Theorien und sogar eigenen Fachbegriffen. Wenn sich die heutigen Schulen des Yoga auf diese drei Traditionslinien beziehen, so tun sie dies jedoch mit durchaus unterschiedlicher Schwerpunktsetzung. Die einen sehen das Zentrum ihres Yoga-Weges im religiösen Yoga, andere im klassisch-philosophischen Yoga und wieder andere im *Haṭha-Yoga*.

Diese drei großen Traditionslinien des Yoga sollen nun kurz vorgestellt werden. Als erstes der ‚religiöse Yoga'. Die Urerfahrung des Yoga war die Erfahrung des *brahman*, des ‚Absoluten'. Die erste Yoga-Übung der Meditation wurde als Weg zur Gotteserfahrung verstanden. Und die ältesten Texte, worin wir dies alles beschrieben finden, die *Upaniṣads*, werden bis heute von den Hindus als heilige Texte verehrt. Der religiöse Yoga hat somit mit Religion zu tun, darf aber keinesfalls mit Religion gleichgesetzt werden. Die religiöse

Sprache, religiöser Glaube oder religiöse Rituale bilden nur den Anfang, oder die äußere Hülle des religiösen Yoga. Mit dem Weg des Yoga beginnt sich Religion zu verändern. Im religiösen Yoga wird der Glaube an einen außerhalb des Menschen vorgestellten Gott immer mehr transformiert zur Erfahrung eines Göttlichen im tiefsten Inneren des Menschen. Eine äußerlich vollzogene Ausrichtung des Gläubigen auf die Worte der Priester oder die Gebote und Lehren der heiligen Schriften wird zu einer den Menschen bis in die Tiefen seiner Existenz wandelnden Hingabe. Meditation, das Opfer und dann vor allem die religiösen Gesänge werden zur Übung der inneren Transformation, bis alle Ichheit sich aufgelöst hat und der Yogī ganz aus der Gotteserfahrung, aus der Tiefe seines Inneren heraus lebt. Zahlreiche Texte des religiösen Yoga entstanden, aus denen vor allem die *Bhagavadgītā* herausragt. Sie wird von vielen Hindus als ihre wichtigste heilige Schrift verehrt, gehört aber auch zu den bedeutendsten Texten des religiösen Yoga. Heute gibt es kaum ein Yoga-Zentrum in Indien, in dem nicht auch die Praxis der meditativen Gesänge und Rezitationen des religiösen Yoga geübt werden.

Dass der Weg des Yoga von Religion seinen Ausgang nehmen kann, dies aber nicht muss, zeigt die zweite große Traditionslinie des ‚klassisch-philosophischen Yoga'. Sie gründet auf den wahrscheinlich zwischen dem 2. Jhd. v. und dem 2. Jhd. n. Chr. entstandenen *Yoga-Sūtras* des *Patañjali*. *Patañjali* analysiert in einer Art Leitfaden des Yoga das, was im Menschen passiert, wenn er Yoga übt. Er zeigt, von welchem Bewusstseinszustand aus der Übende beginnt, welche Transformationen und Umwandlungen sich im Laufe des Übens einstellen und was die Perspektive der Yoga-Erfahrung ist. *Patañjali* entwirft auch den berühmten achtgliedrigen Yoga, in welchem die Prinzipien der nicht religiösen Yoga-Meditation aufgezeigt werden. Seine *Yoga-Sūtras* entwickelten sich in der Folgezeit zu *dem* Grundlagentext des Yoga schlechthin. Zahlreiche Kommentare entstanden, die die Tradition des klassisch-philosophischen Yoga ausformten. Letztlich schöpfte jeder, der sich in den letzten 2000 Jahren mit Yoga beschäftigte, aus der Quelle der *Yoga-Sūtras*.

Dies gilt auch für den *Haṭha-Yoga*, der zu Beginn des 2. Jahrtausends n. Chr. entstandenen jüngsten Traditionslinie des Yoga. Eigentlich handelt es sich beim *Haṭha-Yoga* nicht um eine separate Tradition, sondern um die große Integrationsbewegung des Yoga. Der *Haṭha-Yoga* stützt sich auf den religiösen Yoga und den klassisch-philosophischen Yoga und integriert in diese eher geistig ausgerichteten Praktiken das Üben mit dem Körper. Der *Haṭha-Yoga* erkennt die große Bedeutung des Körpers und integriert den Körper in die Übungspraxis. Der Körper wird somit als Tor zur Erleuchtung entdeckt. Erst jetzt im *Haṭha-Yoga* wurde also die heute so wichtige Körperpraxis entwickelt, verbunden mit zahlreichen Atemübungen.

Der *Haṭha-Yoga* erlebte über mehrere Jahrhunderte seine Blütezeit, bis er dann, zusammen mit allen anderen Formen des Yoga, immer mehr in Vergessenheit geriet. Die Degradierung Indiens zur englischen Kolonie in der Neuzeit tat ihr Übriges zum Niedergang des Yoga. Erst im 20. Jahrhundert begann man sich in Indien wieder auf das eigene kulturelle Erbe und in diesem Zusammenhang auch auf den Yoga neu zu besinnen.

Großen Yogīs wie *Vivekānanda*, *Aurobindo*, *Yogānanda* oder *Ramana Maharshi* entdeckten den alten Schatz des Yoga und begannen, Yoga für die modernen Menschen in Indien und auch für den interessierten Westen zu öffnen. Diese Yogīs stützten sich allerdings ausschließlich auf die Tradition des religiösen und des klassisch-philosophischen Yoga. Am erfolgreichsten konnten jedoch dann die yogischen Meister wirken, die darüber hinaus auch den *Haṭha-Yoga* zu lehren begannen. Es waren vor allem die Körperübungen des *Haṭha-Yoga*, die begeistert von den westlichen Schülern aufgenommen wurden und zu dem Yoga-Boom führten, den wir heute in den Ländern des Westens erleben.

Wie der Blick in die große Geschichte des Yoga zeigt, bedeutet Yoga viel mehr als Körperpraxis. Yoga zeigt sich vielgestaltig und vielfältig und bietet so die Chance, den eigenen Yoga-Weg zu finden, den Yoga-Weg, der zur eigenen Person passt. Auch können verschiedene Übungswege verbunden werden, um den eigenen Lebensweg zu fördern. Allerdings ist einschränkend zu sagen, wenn wir nach Wasser graben und dies einmal hier tun und einmal dort, werden wir wahrscheinlich nur wenig Tiefe erreichen. Besser ist es, die richtige Stelle zu finden und dann Ausdauer zu zeigen und immer tiefer zu graben. Wichtig ist tief zu graben, aber an der richtigen Stelle tief zu graben. Dann werden wir nicht nur auf Wasser stoßen, sondern wir haben die Chance, den Schatz des Yoga zu entdecken.

Übung

Nehmen Sie sich jetzt einige Minuten Zeit und überlegen Sie, wo Sie in dem breiten Spektrum der drei Traditionslinien des Yoga schon einmal gegraben haben.

- *Hatten Sie schon Kontakt mit dem religiösen Yoga? Kennen Sie die Praxis des religiösen Meditierens oder haben Sie das meditative Singen oder Rezitieren kennen gelernt?*

- *Oder hatten Sie schon einmal mit dem klassisch-philosophischen Yoga Kontakt, mit der nicht religiösen Yoga-Meditation oder mit dem berühmten achtgliedrigen Pfad des Yoga?*

- *Oder richtet sich Ihre Praxis nach dem Haṭha-Yoga, der auch den Körper in die Übungspraxis integriert?*

Zahlreiche Übungen wurden in den fast dreitausend Jahren der Geschichte des Yoga entwickelt, die alle Hilfen geben, in die Tiefe zu graben, um den verborgenen Schatz unseres wahren Wesens zu erfahren. Wichtig ist es, an der für Sie richtigen Stelle zu graben.

Fragen Sie sich jetzt abschließend:

- *Haben Sie die für Sie richtige Übungsform schon gefunden?*
- *Oder sehen Sie es als notwendig an, weiter zu suchen und andere Übungsformen aus dem weiten Feld der Yogatraditionen auszuprobieren?*

Wenn sich bei Ihnen die Ahnung einstellt, dass Ihre Übungspraxis die richtige ist, dann gilt es, Energie und Ausdauer aufzuwenden, um hier wirklich in die Tiefe zu gehen, um auf Wasser zu stoßen und die Fülle des Quells des Yoga zu entdecken. Erst durch tiefes Graben, das heißt intensives Üben, wird es möglich, im Yoga zu wachsen, um auf den bisher kaum für möglich gehaltenen Schatz des Yoga zu stoßen.

II. Der Yoga-Weg

3. Der Weg nach innen

Die Praxis des Hinduismus ist schon von alters her von Opferkult, Gottesverehrung und Gebet geprägt, in dem die Gläubigen Gott oder den Göttern danken oder Hilfe und Schutz erbitten können. Als man dann das ‚Göttliche' *im* Menschen entdeckt, nimmt diese Praxis, zumindest für die, welche diese Entdeckung machen, eine entscheidende Wendung. Die Urerfahrung des Yoga, als die Erfahrung des *brahman*, des ‚Absoluten' *im* Menschen, bedeutet eine Revolution. Die Frage nach Gott erscheint jetzt eng verbunden mit der Frage nach dem Menschen. Der Blick zu den Göttern richtet sich nicht mehr nach oben, zum Himmel, sondern wandelt sich zu einem Weg nach innen. Auch das Menschenbild verändert sich wesentlich. Man entdeckt, dass der Mensch viel mehr ist als ein Wesen nur aus Körper und Geist.

In einem alten Bild der *Upaniṣads* wird der Mensch als eine ‚Stadt Gottes' bezeichnet, in der sich ein kleines Haus befindet, einer Lotosblume gleich. Was hier in diesem tiefsten Inneren zu finden ist, das solle man erforschen. Seit alters her gilt der Lotos als Sinnbild für die innere Freiheit des Menschen, für eine göttliche Freiheit, die im Alltagsbewusstsein jedoch nicht gelebt werden kann. Im Normalfall lebt der Mensch außerhalb ‚seiner Stadt', außerhalb von sich selbst. Das Bewusstsein ist nach außen gerichtet. In der Sprache des Yoga sind dem Menschen die Sinne an die Sinnesobjekte gebunden. Der Mensch erkennt nur die Oberfläche seiner Möglichkeiten, unterliegt äußeren Sachzwängen und vorgefundenen Selbstverständlichkeiten, ist getrieben von seinem Streben nach Wohlstand, Anerkennung und Befriedigung seiner Begierden. Tief im Inneren des Menschen liegt jedoch ein unentdeckter Schatz. Wie ist es aber möglich, sich von all den Bindungen des Alltags zu lösen, um in die Stadt Gottes und damit in sich selbst einzutreten? Die Antwort weist der Yoga als den Weg nach innen.

Der erste Schritt dieses Weges besteht darin, das nach außen gerichtete Bewusstsein umzuwenden. Der erste Schritt besteht im Rückzug aus der Alltagswelt. Wie eine Schildkröte ihre Glieder einzieht, so zieht auch der Yogī, wenn er zu üben beginnt, alle Sinne von den Sinnesobjekten zurück. So ist es wichtig, für die Übung einen ruhigen Ort zu suchen, abseits des Alltagsgetriebes mit seinen zahlreichen Ablenkungen. An einem solchen Ort der Ruhe wird es leichter, zur Ruhe zu kommen, nicht einmal dies in den Blick zu nehmen und dann wieder etwas anderes, nicht einmal auf das zu hören und sich dann doch wieder von etwas anderem ablenken zu lassen. Dieser Rückzug von der Sinneswelt bildet den ersten Schritt, auf den alle zukünftigen gegründet sein werden.

Eine Hülle nach der anderen ist auf diesem Weg nach innen auf der Suche nach der inneren Mitte des wahren, göttlichen Selbst zu durchdringen. So ist wahrzunehmen, dass der materielle Körper atmet, dass er lebt, getragen ist von Leben. Noch weiter nach innen gehend ist zu erfahren, dass der Mensch nicht nur aus Materie und Leben besteht, sondern auch eine Psyche hat, mit der er denkt und fühlt. Von hier aus ist es möglich, sich der äußeren, gröberen Hüllen von Körper und Geist bewusst zu werden.

Der Weg des Yoga geht dann jedoch noch weiter nach innen. Auch die Hülle von Psyche, Denken und Fühlen ist zu durchbrechen und zu öffnen für die Erfahrung der inneren, intuitiven Erkenntnis. Die intuitive Erkenntnis bricht genau dann auf, wenn es gelingt, über das Denken hinaus, noch weiter sich für das Innen zu öffnen. Das bedeutet auch, dass die Öffnung für diese Dimension nicht zu machen oder herzustellen ist. Ab hier greift die Übung des ‚Weniger-Machens‘, durch die sich die Hülle des intuitiven Erkennens öffnen kann, die aber auch nur Hülle für eine noch weiter innen liegende Dimension ist.

Wer alle Unbewusstheit und Verdunklungen überwunden hat und auf diese Weise sogar durch das Denken und auch durch die intuitive Erkenntnis hindurchstößt, der mag dann ein Glück in sich aufbrechen sehen, das nicht von außen bewirkt wird. Um dieses innere, unmittelbar aufbrechende Glück von den äußeren Glückserfahrungen zu unterscheiden, spricht man hier meist von ‚Glückseligkeit‘, von der ‚Hülle der Glückseligkeit‘.

Aber selbst hier handelt es sich noch um eine Hülle. Auch diese Hülle ist weiter nach innen zu durchbrechen, um dann auf den innersten Kern menschlicher Existenz zu stoßen. Dieser innerste Kern wird traditionell das *brahman* genannt, das ‚Absolute‘, das göttliche Wesen des Menschen. Wer so weit in sein innerstes Innen vorgedrungen ist, der erfährt, was wirklich trägt in dieser Welt. Er ist zu seiner innersten Mitte erwacht, zu seinem ursprünglichen Menschsein, das viel mehr ist, als man dies je für möglich gehalten hätte. Im innersten Innen des Menschen erfährt der Mensch seine ursprüngliche Einung mit *brahman*, dem Absoluten. Erst jetzt mag erahnt werden, was die frühen Yogīs meinten, wenn sie den Menschen eine ‚Stadt Gottes' nannten, in der sich ein kleines Haus befindet, einer Lotosblume gleich.

Übung

Das Hüllenmodell bietet eine wunderbare Möglichkeit, den yogischen Weg nach innen Schritt für Schritt nachvollziehen zu können. Suchen Sie sich für diese Übung als erstes einen Ort der Ruhe und ziehen Sie dann wie eine Schildkröte alle Sinne von außen nach innen. Das heißt, Sie schauen nicht einmal hier oder einmal dort, hören nicht mehr auf dies oder das oder was sich gerade im Nebenraum tut, sondern wenden Ihren Blick auf sich selbst und dann nach innen.

- *Nehmen Sie zuerst Ihren Körper wahr, von den Füßen, über die Knie, die Oberschenkel, das Gesäß, den Bauch, den Rücken, die Schultern, über die Arme bis zu den Fingern und zuletzt den Kopf bis zum Scheitelpunkt.*

- *Gehen Sie dann einen Schritt weiter nach innen. Erleben Sie, dass Ihr Körper atmet. Erfahren Sie, wie Sie einatmen und ausatmen. Werden Sie sich bewusst, wie Ihr Körper aus einer inneren Lebenskraft heraus lebt, dass Sie leben.*

- *Der folgende Schritt führt Sie weiter nach innen. Spüren Sie Ihre Psyche, Ihr Denken, wie es verbunden ist mit Gefühlen, mit Bedürfnissen, mit Wünschen. Spüren Sie diese dritte Hülle und wie sie von hier aus die anderen Hüllen, das Leben und auch den Körper wahrnehmen können. Bis hierhin ist die Übung der Wendung nach innen machbar.*

Erst jetzt erfolgt jedoch das Entscheidende, die Öffnung für die ursprüngliche Innenperspektive des Yoga, für das, was Yoga zu Yoga macht. Noch weiter nach innen zu dringen bedeutet ‚weniger zu machen' und letztlich ‚nichts mehr zu machen'.

Alle Übungen des Yoga üben dieses 'Weniger-Machen' und letztlich ‚Nichts-Machen'. Dies gilt für die Praxis der Körperübungen, die den Weg nach innen vom Körper aus geht, wie auch für die Yoga-Meditation, die zum Beispiel mit dem Meditieren eines Wortklanges beginnt und dann die Bewusstheit weiter nach innen lenkt.

So wird es möglich, dass sich tiefere Bewusstseinsschichten öffnen und Transparenz entsteht für die weiter innen liegenden Hüllen, für die Hülle des ‚intuitiven Erkennens' und dann für die Hülle der Erfahrung ‚innerer Glückseligkeit', um sich letztlich des tragenden göttlichen Grundes des brahman, des wahren Selbst bewusst zu werden.

Versuchen Sie auf diese Innenperspektive des Yoga zu achten, bei der Sie immer ‚weniger machen' und letztlich ‚nichts mehr machen', wenn Sie das nächste Mal wieder Yoga zu üben beginnen.

4. Der Beginn - Gebundenheit des Alltagsbewusstseins

Wie sieht nun der Weg aus, den die Meister des Yoga entdeckt haben? Yoga fördert einen Bewusstseinswandel. Wie sieht dieser Wandel aus? Wo beginnt er? Welchen Verlauf nimmt er? Und wohin führt er? Um zu verstehen, was Yoga mit uns macht, ist es wichtig, im Prozess des Entstehens unseres Bewusstseins ganz weit zurückzugehen. Jeder Mensch entwickelt in den ersten Jahren seines Lebens ein Bewusstsein. Mit unserem Bewusstsein werden wir uns bewusst: Es gibt eine Welt. Und in dieser Welt gibt es uns. Mit dieser großen Errungenschaft des Menschen eröffnet sich jedoch auch ein grundlegendes Problem. Die Welt und auch wir unterliegen der Zeit. Alles vergeht. Es vergehen die sinnlichen Freuden, der angesammelte Wohlstand, die Anerkennung der Mitmenschen, unsere Freunde und letztlich sogar wir selbst.

Das Problem liegt dabei nicht im Bewusstsein der Vergänglichkeit der Welt. Das Problem liegt darin, dass wir in unserem Alltagsbewusstsein, also in dem Bewusstsein, das uns im Allgemeinen prägt, uns mit dieser vergänglichen Welt identifizieren. Wir haben uns von unserem wahren Selbst entfernt und identifizieren uns mit all den vergänglichen Dingen in dieser Welt. Wir halten an ihnen fest. Aber dieses Festhalten ist letztlich vergeblich. Alle unsere sinnlichen Freuden, unser Wohlstand und unsere Anerkennung vergehen. Und jedes Mal, wenn wir wieder einen Verlust erleben, entsteht Leiden.

Und doch erfahren wir nicht nur Leiden. Dies liegt vor allem daran, dass im Alltagsbewusstsein Mechanismen entwickelt wurden, das Leiden an der Vergänglichkeit durch eine äußere Stabilität auszugleichen. Drei solcher das Alltagsbewusstsein stabilisierende Faktoren werden in der indischen Tradition genannt, als erstes die ‚Verdrängung' allen Leidens, die Unbewusstheit. Wenn der Mensch nicht daran denkt, dass sein Wohlstand, seine Freuden vergehen, wenn er die Vergänglichkeit der Welt verdrängt, dann vermeidet er auch das Leiden an ihrem Vergehen. Solange der Mensch denkt, dass ‚man' stirbt, und glaubt, dass dieses ‚Man' nur die anderen betrifft und nicht ihn selbst, funktioniert die Verdrängung.

Das Alltagsich wird jedoch nicht nur durch Unbewusstheit stabilisiert, sondern zweitens durch das fortwährende Suchen nach äußeren Glückserfahrungen, nach Glück durch die Befriedigung unser ‚Begierden', durch das weitere Ansammeln von ‚Wohlstand' oder durch die Gebundenheit an Anerkennung und an die Belohnung durch erfolgreiches ‚Handeln'. Bei all diesen Faktoren geht es nur um äußeres und vergängliches Glück. Aber es geht um Glückserfahrungen, die immer wieder das Leiden in der Welt auszugleichen vermögen und das Ego unseres Alltagsbewusstseins stabilisieren.

Und noch ein drittes Moment ist in diesem Zusammenhang zu nennen. Es ist der Glauben, dass diese vergängliche Welt doch wieder durch eine ewige ‚Ordnung' zusammengehalten wird. Es ist der Glaube an Gesetze, nach denen alles funktioniert, an göttliche Gebote, die sagen, was gut und richtig ist. Hierzu zählen die Glaubenslehren der Religionen wie auch der heutige Glaube an die Allmacht der modernen Wissenschaft. Es ist gerade dieser Glaube, durch den es möglich wird, im Vergänglichen dieser Welt Richtung und Ziel zu erkennen.

Ob der Mensch eher auf Verdrängung setzt, sein Leben auf das sinnliche Glück ausrichtet oder Stabilität im Glauben an ewige Gesetze einer festen Weltordnung sucht, durch diese drei ist es möglich, im Alltagsbewusstsein einen Ausgleich und Halt in einer grundsätzlich vergänglichen Welt zu gewinnen. Das Alltagsbewusstsein erweist sich aber als labil. Krisen treten auf, in welchen der Halt verloren geht. Diese Krisen können jedoch überwunden werden. Die einen setzen dabei wiederum auf Verdrängung, die anderen auf mehr Sex, Wohlstand oder Erfolg im Beruf, die dritten auf Verstärkung des Glaubens an die eine Wahrheit. Immer wieder mag es gelingen, alles beim Alten zu lassen und nichts verändern zu müssen. Der Zustand des Alltagsbewusstseins kann so durchaus bis an das Ende unserer Tage andauern. Und bei den meisten Menschen tut er dies auch.

Was dagegen mit der Entdeckung des Yoga begonnen hat, bedeutet gleichsam eine Revolution. Die meisten Menschen wissen gar nicht, wenn sie sich auf ihre Matte begeben, auf welchen revolutionären Weg sie sich eingelassen haben. Für den Yoga bedeutet der Halt, den das Ego des Alltagsbewusstseins so schätzt, eine zu lösende Gebundenheit, da der Mensch durch sie vergisst, auf seine wahres Selbst zu achten. In der ständigen Suche nach neuen Glückserfahrungen durch Anerkennung, sexuelle Befriedigung oder das Lob der Mitmenschen, läuft der Mensch an sich selbst vorbei. Der Glaube an vorgegebene Lehren, die sagen, was als richtig und was als falsch angesehen werden muss, ist als Fremdbestimmung entlarvt. So wird das Alltagsbewusstsein mit einem vom Wind getriebenen Schiff verglichen:

*Denn folgt die Psyche den umherschweifenden Sinnen, reißen
diese ihr Bewusstsein weg, wie der Wind das Schiff im Meer.
(Bhagavadgītā 2.67)*

Wir alle sind wie ein Segelschiff auf dem offenen Meer.
Manchmal herrscht Flaute, dann treiben wir unbewusst auf
dem weiten Meer unseres Lebens. Ein anderes Mal ist es der
Wind der äußeren Glückserfahrungen, sind es die ‚umherschweifenden Sinne', die unser Schiff über das Meer jagen.
Im Alltagsbewusstsein glaubt der Mensch, Herr seines
eigenen Lebens zu sein, und erkennt gar nicht, wie er auf dem
offenen Meer des Lebens hin und her getrieben wird, je
nachdem aus welcher Richtung der Wind unserer Abhängigkeiten von äußerem Glück weht. Solange wir meinen, alles im
Griff zu haben, brauchen wir auch nichts zu verändern.
Solange wir glauben, dass uns unsere Verspannungen in
Körper und Geist Halt geben, werden wir sie hegen und
pflegen. Und so lange eine uns von außen begegnende Lehre
uns Halt gibt, werden wir an ihrer Wahrheit festhalten.

Da im Alltagsbewusstsein das Leiden in der Welt in viel-
facher Weise ausgeglichen werden kann, ergibt sich für die
meisten Menschen kaum die Notwendigkeit, den Weg des
Yoga zu gehen. Warum sollten wir mit Yoga beginnen? Yoga
wird dann erst interessant, wenn der Halt des Alltags von sich
aus nicht mehr trägt. Dies kann schon mit den Schlafstörungen beginnen, die nicht verschwinden wollen, oder den
Rückenschmerzen, die immer stärker werden. Schließlich
mag sogar das Bedürfnis aufkommen, in seinem Leben grundlegend etwas zu ändern. Erst wenn die äußeren Glückserfahrungen das grundlegende Leiden an der Vergänglichkeit nicht

mehr ausgleichen können, wird die Suche nach der Erfahrung von innerem Glück einsetzen. Erst wenn der bindende Halt der heiligen Lehren zur einengenden Fessel verhärtet, dann mag das Bedürfnis nach Befreiung, nach Freiheit von den Fesseln festgefahrener Lehren entstehen. Erst wenn wir bemerken, dass wir nicht Herr auf unserem eigenen Schiff sind, dass wir von äußeren Winden getrieben sind wie ein herrenloses Schiff auf offenem Meer, erst dann wird auch der tiefere Sinn des Yoga für uns wirklich interessant.

Was dann geschieht, ist mit dem bekannten Bild vom Seil und der Schlange ausgedrückt:

Ein Seil erscheint als Schlange, solange unsere Täuschung währt. Wenn die Täuschung aufhört, endet das Dasein der Schlange.

(Shankara: Das Kleinod der Unterscheidung 199)

In der Dunkelheit kann ein auf dem Boden liegendes Seil leicht mit einer Schlange verwechselt werden. In der Dunkelheit unseres Alltagsbewusstseins bemerken wir nicht, wie gebunden und unfrei wir sind. Wir gehen davon aus, dass wir so sind, wie wir eben sind. Darin liegt jedoch eine grundlegende Täuschung. Das Seil ist ein Seil, und keine Schlange. Wir haben uns von unserem wahren Selbst entfernt. Wir sind gebunden, getrieben und unfrei und letztlich sind wir nicht wir selbst. Wenn es um uns hell würde, so könnten wir erkennen, dass es sich um keine Schlange, sondern um ein Seil handelt. Wenn wir zu unserem ursprünglichen Bewusstsein erwachen würden, dann könnten wir erkennen, wer wir wirklich sind. Auf dem Weg des Yoga brauchen wir hierfür nicht mehr auf fremde Hilfe von außen zu warten, auf jemanden, der das Licht unseres Bewusstseins einschaltet. Mit den Übungen des Yoga sind uns Möglichkeiten an die Hand gegeben, an unserer eigenen Veränderung zu arbeiten. Alle Übungen des Yoga fördern den Prozess unseres Bewusstwerdens, der wachsenden Achtsamkeit für unsere innere Mitte. Yoga fördert, dass es hell wird, dass die Gebundenheiten in Körper und Geist sich lösen, so dass wir wieder zu uns selbst zurückkehren können und wir wach werden für das, was wir wirklich sind.

Übung

Schauen Sie in der folgenden Übung auf sich selbst. Was gibt Ihrem Leben Stabilität, Halt und Ausrichtung? Wenn Sie die drei in der indischen Tradition genannten Faktoren durchgehen, wo können Sie sich wieder finden?

- *Ist es mehr Unbewusstheit und Verdrängung, die Ihr Leben prägen?*
- *Ist es eher die Suche nach äußerem Glück, von der Befriedigung der sinnlichen Begierden, über die Ansammlung von Wohlstand, bis zur Ausrichtung auf Erfolg im Handeln, die Ihnen Sinn und Stabilität geben?*
- *Oder erfahren Sie Halt im Glauben an eine wahre Lehre?*

Suchen Sie in einem zweiten Schritt nach Erfahrungen, wo diese Stabilität für Sie brüchig geworden ist:

- *Kennen Sie die Erfahrung des Getriebenseins wie ein Schiff im Meer?*
- *Kennen Sie die Erfahrung der Gebundenheit und der Getriebenheit, wo Sie nicht Sie selbst sind?*
- *Haben Sie schon einmal die Erfahrung gemacht, dass die Stabilität des Alltagsbewusstseins nicht wirklich trägt?*
- *Haben Sie schon erfahren, dass diese Stabilität eine Täuschung bedeutet, wie eine vermeintliche Schlange in der Dunkelheit, die eigentlich nur ein Seil ist?*

Machen Sie sich in einem dritten Schritt bewusst, dass diese Erfahrungen für den Weg des Yoga keinesfalls negativ sind, sondern der zentrale Grund, sich auf den Weg zu machen und etwas zu ändern.

- *Was haben Sie schon unternommen, die verdunkelnde Gebundenheit und Getriebenheit des Alltagsbewusstseins zu lösen?*

5. Der Weg - Umwandlung von Körper und Geist

Yoga bedeutet Veränderung, Umwandlung von Körper und Geist. Wie geschieht diese Umwandlung? Wie verändert Yoga den Übenden? Eine der wichtigsten Definitionen des yogischen Umwandlungsprozesses ist in den *Yoga-Sūtras* des *Patañjali* zu finden, dem bedeutendsten Text des klassisch-philosophischen Yoga. Wenn wir uns fragen, was geschieht, wenn wir uns auf die Matte begeben, um Yoga zu üben, dann antwortet *Patañjali*: *nirodha*. Und *nirodha* heißt: ‚Zur-Ruhe-Kommen', das Zur-Ruhe-Kommen der ‚seelisch-geistigen Aktivitäten'. Was soll im Yoga zur Ruhe kommen? Es sind die seelisch-geistigen Aktivitäten, genauer gesagt, die Gebundenheiten der seelisch-geistigen Aktivitäten. Die seelisch-geistigen Aktivitäten sind all unsere getriebenen Gedanken, Gefühle, Bedürfnisse oder Wünsche, alle inneren Aktivitäten, die wir wahrnehmen, wenn wir die Augen schließen und uns zu beobachten beginnen. Das Besondere an diesen seelisch-geistigen Aktivitäten ist, dass wir über sie nicht verfügen. Sie kommen und gehen, ohne dass wir Einfluss auf dieses Kommen und Gehen ausüben könnten. Situationen oder Menschen regen uns auf, es entstehen Gedanken und Gefühle in uns, ob wir dies wollen oder nicht. Bedürfnisse und Wünsche entstehen und treiben und bestimmen uns. Letztlich beschränken sich die Gebundenheiten jedoch nicht nur auf Seele und Geist. Auch Verkrampfungen oder Verspannungen des Körpers entstehen oder vergehen, ohne dass wir Macht darüber hätten.

Yoga bedeutet somit einen Prozess der Umformung von Körper und Geist, in welchem sich die Gebundenheiten auflösen. Die Verspannungen in Körper und Geist beginnen abzunehmen. Immer weniger werden wir getrieben von den seelisch-geistigen Aktivitäten unserer Bedürfnisse und Wünsche, die ihre bindende Kraft verlieren.

Was *Patañjali* mit nur einem Wort, dem Zur-Ruhe-Kommen von *nirodha* eher abstrakt formuliert, das findet sich in einer alten *Upaniṣad* mit einem wunderschönen Bild ausgedrückt. Hier ist der yogische Umwandlungsprozess mit der ,Auflösung aller Knoten, die das Menschenherz umstricken' beschrieben. Das Herz gilt in der indischen Tradition nicht nur als Sitz der Gefühle, sondern auch des Geistes. Unser Herz ist im Alltagsbewusstsein mit vielen Knoten umstrickt. Gefühle und Gedanken sind gebunden, verfestigt, vielleicht sogar verkrampft und verdunkeln so unser Innerstes, unsere innere Mitte. Der Weg des Yoga bedeutet Lösung dieser Herzensknoten, Auflösung unserer inneren Enge. Wenn sich die Knoten lösen, die unser Herz umstricken, so bedeutet dies eine Befreiung aus unserer inneren Mitte heraus. Es wächst die Klarheit der Herzenserkenntnis.

Immer wieder verglichen wird dieser yogische Umwandlungsprozess auch mit der Reinigung eines verschlammten Gewässers. Körper und Geist des Menschen gleichen einem Gewässer, das durch den Schlamm der Verspannungen, Abhängigkeiten oder emotionaler Gebundenheiten verunreinigt ist. Getrieben durch Gedanken und Emotionen sind wir nicht wir selbst. Es ist unmöglich, auf den Grund unserer inneren Mitte zu schauen oder gar aus unserer Mitte heraus zu leben.

Wie können wir aber ein solches verschlammtes Gewässer klar bekommen, so dass wir bis auf den Grund zu sehen vermögen? Was können wir tun, damit die Bindungen an die seelisch-geistigen Aktivitäten zur Ruhe kommen, dass die Knoten, die unser Herz umstricken, sich auflösen? Jeder Versuch den Schlamm mit der Hand oder einem Arbeitsgerät zu entfernen, birgt die Gefahr, das Wasser in Bewegung zu bringen und noch mehr Schlamm aufzuwühlen. Jeder Versuch die Verspannungen mit Anstrengung zu beseitigen, würde sie nur unterdrücken und noch verfestigen. Wir müssen warten, bis sich der Schlamm gesetzt hat. Das Wasser klärt sich nur von alleine. Alle Übungen des Yoga üben so das ,Nicht-Machen' oder zumindest ein Loslassen und ,Weniger-Machen'.

Natürlich bedeuten Übungen Aktivität. Die eigene Aktivität steht jedoch nur am Anfang. So lange das Üben mühsam ist, sind wir alle noch Anfänger. Umso weiter wir in der Übung fortschreiten, umso weniger werden wir machen. Es gilt gleichsam der Leitspruch: ,weniger machen - und dafür mehr bekommen'. Der Weg des Yoga scheint somit vollkommen unlogisch und widerspricht unserem Alltagsbewusstsein, wo es heißt: ,mehr machen - und dafür mehr bekommen'. ,Mache deine Hausaufgaben - dann wirst du auch in der Schule gute Noten bekommen', so lernen wir es von Kindheit an. Das Zur-Ruhe-Kommen der seelisch-geistigen Aktivitäten ge-schieht dagegen ganz anders, wie das Klarwerden eines ver-schlammten Gewässers. Yoga beginnt zu wirken, wenn wir das ,Weniger-Machen' lernen. Yoga meint aber ein ganz besonderes ,Weniger-Machen'. Weniger-Machen heißt hier nicht, sich zurückzulehnen oder sich treiben zu lassen. Es geht eher um ein konzentriertes Loslassen. Wachsen in der Übung bedeutet immer weniger zu machen und sich immer mehr von einer Kraft aus der inneren Mitte tragen zu lassen, die nicht herstellbar ist. Die Bindungen der seelisch-geistigen Aktivitäten kommen zur Ruhe. Die Herzensknoten werden gesprengt. Die Unreinheiten der Verspannungen in Körper und Geist lösen sich auf. Die innere Klarheit und Stärke wächst und wir erfahren uns getragen von einem Leben aus der inneren Mitte. In der Yoga-Übung wird das ganz konkret erfahrbar, was wir den yogischen Umwandlungsprozess nennen, das ‚Zur-Ruhe-Kommen der seelisch geistigen Aktivitäten‘, das ganz besondere ‚Weniger-Machen‘. Um dies zu erfahren, ist im Allgemeinen jedoch eine lange, konsequente Übungspraxis notwendig.

Übung

Vergegenwärtigen Sie sich, inwieweit sich Ihre Yoga-Praxis im Laufe der Zeit verändert hat. Inwieweit ist Ihr Üben mühsam, schwer und verlangt Ihre ganze Anstrengung? Wie oft orientieren Sie sich beim gemeinsamen Üben an Ihrem Nachbarn oder Ihrer Nachbarin, um zu sehen, ob Sie auch wirklich alles richtig machen? Oder ist es das Bild einer perfekten Übung, wie sie die Lehrerin oder der Lehrer vormacht oder das Yoga-Lehrbuch abbildet, an dem Sie sich ausrichten? Inwieweit kann Ihre Praxis somit als ein ,Machen' bezeichnet werden?

Jede Yoga-Praxis beginnt mit Anstrengung und ,Machen', mit der Ausrichtung auf ein von außen vorgegebenes Ideal. Die Praxis öffnet sich mit der Zeit jedoch gleichsam ganz von alleine für das yogische ,Nicht-Machen'. Gehen Sie auf die Suche, ob Sie diesen Umwandlungsprozess von nirodha schon bei sich selbst erfahren haben.

- *Konnten Sie schon einmal erfahren ,immer weniger zu machen - und dafür immer mehr zu bekommen', wenn die Übung fließt, wenn eine große Kraft in der Leichtigkeit entsteht?*
- *Haben Sie sich schon einmal getragen gefühlt von einer größeren Kraft, die Sie nicht gemacht oder hergestellt haben?*
- *Haben Sie sich schon einmal innerlich befreit gefühlt, gleichsam, wie wenn sich die das Herz umstrickenden Knoten zu lösen beginnen?*
- *Haben Sie schon einmal erfahren, dass Klarheit in Körper und Geist entsteht, wie wenn sich der Schlamm unserer Verspannungen und Getriebenheiten zu setzen beginnt?*

Nehmen Sie sich Zeit, diese Erfahrungen aufzuspüren. Es sind diese Erfahrungen des Zur-Ruhe-Kommens, die mit dem einen Begriff nirodha zum Ausdruck gebracht werden. Es ist dieses Zur-Ruhe-Kommen aller Abhängigkeiten und Getriebenheiten, die uns ermöglicht zu wachsen und immer mehr zu unserem wahren Selbst zu erwachen.

6. Das Ziel - Erwachen zu unserem wahren Selbst

Yoga sucht einen Schatz. Und dieser Schatz sind wir selbst. Wir haben uns von uns selbst entfernt. Yoga führt uns nun zu uns selbst zurück. Allerdings sind wir viel mehr, als wir uns im Allgemeinen einschätzen. Wir sind viel mehr, als wir machen und herstellen könnten. Der Weg zu uns selbst geht somit nicht über ein Herstellen, sondern über die Übung, in der wir lernen, in einer ganz besonderen Weise immer weniger zu machen, um so immer mehr zu bekommen, um so zu entdecken, wer wir wirklich sind. Die Perspektive liegt letztlich sogar in einem ‚Nichts-Machen', um so alles, nämlich uns selbst, unser wahres Selbst, zu erfahren.

Schätze haben es jedoch meist an sich, dass sie vergraben oder zumindest versteckt sind. Auch der Schatz des Yoga ist verborgen. Der Schatz unseres wahren Selbst ist tief verborgen in uns und wartet darauf entdeckt zu werden. Diese Verborgenheit des wahren Selbst bringt in einer anschaulichen Weise der folgende Spruch aus einer *Upaniṣad* zum Ausdruck:

Wie Öl im Sesam, wie Butter in der Milch, wie Wasser in den unterirdischen Quellen, wie Feuer in den Reibhölzern - so erfährt derjenige, der es in Wahrhaftigkeit und Übung sucht, das wahrhafte Selbst verborgen in sich selbst.

(Śvetāśvatara-Upaniṣad 1.16)

Was ist der Mensch? Wann ist der Mensch er selbst? - Das Alltagsbewusstsein sieht nur die Oberfläche. Des Menschen

Existenz reicht jedoch viel tiefer. Die Oberflächenexistenz des Alltagsbewusstseins wird mit einem Sesamkorn verglichen, in dessen Inneren das Öl unsichtbar verborgen ist. Und doch ist es da. Wie das Öl im Sesamkorn bleibt auch das wahre Selbst des Menschen für das unbewusste Sehen nicht erkennbar. Ein anderer Vergleich bezeichnet unsere Oberflächenexistenz als Milch. Die Butter ist in ihr unsichtbar verborgen, wie das eigentliche Selbst. Gleiches gilt für die unterirdischen Wasserquellen oder das Feuer in den Reibhölzern, die von außen nicht sichtbar sind.

Der Weg des Yoga bedeutet, sich auf die Suche nach diesem verborgenen, wahren Selbst in uns zu machen. Die Praxis des Yoga, aber nur, wenn Yoga in Wahrhaftigkeit geübt wird, fördert diese Durchbrüche zu uns selbst. Es ist wie beim Feuermachen mit Reibhölzern, wenn nach langem Drehen, gerade dann, wenn wir nichts mehr zu machen scheinen, nur noch das Drehen wie von selbst geschieht. Plötzlich entsteht der Funke des Feuers. Dann lüftet sich wie von alleine der Schleier des Alltagsbewusstseins.

Das Ziel des Yoga besteht in diesem Durchbruch, der immer wieder als ‚Erwachen' oder als ‚Erleuchtung' bezeichnet wird, ein Erwachen aus dem Schlaf unserer Unbewusstheit. Im Nachhinein erscheint die unumstößliche Alltagsrealität der Gebundenheiten wie ein Traum, ein Traum, in dem wir nicht fähig waren, unser eigentliches Leben zu führen. So lange wir träumen, halten wir den Traum für die Realität. So lange wir im Alltagsbewusstsein leben, halten wir unsere Unbewusstheit für vollkommen normal. Wir kennen nichts anderes als unsere Getriebenheit durch Gedanken und Emotionen, die

Abhängigkeit von der Befriedigung unserer Begierden oder der Anerkennung durch unsere Mitmenschen. All dies halten wir für unsere Wirklichkeit. Das Alltagsbewusstsein scheint unumstößlich. Erst durch das Aufwachen wird es möglich zu realisieren, dass all unser bisheriges Denken und Fühlen nur die Oberfläche unserer Existenz bildete. Wir wachen auf und erkennen, was wirklich zählt, wer wir wirklich sind. Wir erkennen unser wahres Selbst als den tief in uns verborgenen Schatz, um so aus den Tiefen der eigenen Existenz leben zu können.

Nur wer erfährt, wer er selbst ist, kann einschätzen, welchen Schatz es im Yoga zu entdecken gilt. Aus diesem Grund wird auch immer wieder betont, dass die höchste Yoga-Erfahrung mit Worten nicht zu begreifen ist. Und doch wurde immer wieder versucht, diese Erfahrung zu benennen. In den *Upaniṣads* war von der Erfahrung des Absoluten, des *brahman* die Rede oder von der Erfahrung des wahren Selbst, des *ātman*. Vor allem seit dem klassisch-philosophischen Yoga der *Yoga-Sūtras* des *Patañjali* kristallisierte sich dann das Sanskritwort *samādhi* als der zentrale Begriff für die Tiefenerfahrung des Yoga heraus. *Samādhi* kann wörtlich mit ‚Einung' übersetzt werden. Von manchen Asketen, die Yoga als Weg der Weltabkehr sahen, wurde *samādhi* auch als ein Zustand der Versenkung missverstanden, in welchem der menschliche Geist meint, sich in jenseitige Gefilde flüchten zu müssen. Manche Yogīs ließen sich sogar in Versenkungszuständen über Tage in Erdlöchern eingraben und sahen sich dann im Zustand des *samādhi*. Die Perspektive des Yoga ist zwar nicht so spektakulär, sie bedeutet jedoch viel mehr als alles, womit man in einer noch so spektakulären Show manch einfache Geister beeindrucken könnte.

Mit was oder wem der Mensch ‚eins' wird, wenn er in *samādhi* zu sich selbst erwacht, das zeigt ein bekanntes Bild aus der *Haṭha-Yoga-Pradīpikā*, dem wichtigsten Text des *Haṭha-Yoga*:

Wie sich ein Salzkorn im Wasser auflöst, so wird durch Yoga der Geist mit dem höchsten Selbst eins. Dies wird als samādhi, die höchste ‚Einung' betrachtet.

(Haṭha-Yoga-Pradīpikā 4.5)

Wie ein Salzkorn sich im Wasser auflöst, so lösen wir uns in unserem höchsten Selbst auf. Was heißt dies, wir lösen uns auf? Wer löst sich auf? Wer ist das Salzkorn? Das Salzkorn ist das Alltagsbewusstsein. Es vergehen unsere Verspannungen und Verkrampfungen in Körper und Geist, unsere festgefahrenen Denkstrukturen und emotionale Blindheit. Wie ein Salzkorn im Wasser löst sich unsere Abhängigkeit von Menschen auf, die uns aufregen oder auf die wir neidisch sind. Aber auch die Gebundenheit an äußeres Glück, sei es gutes Essen, Sex oder die Anerkennung durch die anderen, beginnt sich zu lösen. Es löst sich unser Scheinbild auf, das wir im Alltagsbewusstsein hatten, so dass wir zu der inneren Einheit mit unserem wahren Selbst erwachen. Wir können dann wieder mit uns eins sein, wie wir schon immer ursprünglich mit uns eins waren, aber dies in der Unbewusstheit des Alltags nicht zu leben vermochten.

Übung

Natürlich werden sich viele fragen, vor allem diejenigen Übenden, die sich am Anfang des Yoga-Weges wähnen, was sie mit dieser Perspektive des Yoga als der Erleuchtung, dem Erwachen zu tun haben. Die meisten können nur die Funken der Erleuchtung erfahren, die ersten Wirkungen des Yoga. Seit fast 3000 Jahren ist in allen Texten des Yoga jedoch auch von der Erfahrung dieses umfassenden Erwachens die Rede. Auch die großen Yoga-Meister Indiens weisen auf die Erleuchtung im Sinne des Erwachens zu unserem wahren Selbst als der Perspektive des Yoga.

Wie können wir heute jedoch mit dieser großen Perspektive umgehen?
Stellen Sie sich bitte folgende zwei Fragen:

- *Sind die alten Texte, die die Perspektive des Yoga in so ausgreifender Weise als Erwachen, Erleuchtung oder Einung von samādhi beschreiben, für Sie eher abschreckend oder anspornend?*
- *Wie kann sich die Beschäftigung mit der großen Perspektive des Yoga fruchtbar auf Ihre gegenwärtige Yoga-Praxis auswirken?*

Bevor Sie weiter in diesem Übungsbuch lesen, lassen Sie sich bitte genügend Zeit, um über diese zentralen Fragen der Yoga-Philosophie in Ruhe nachzudenken.

7. Leben in Freiheit in der Welt

Alle Yoga-Übungen weisen einen Weg nach innen. Die Übenden ziehen sich zurück aus dem Getriebe das Alltags, handeln nicht mehr einmal hier und einmal dort, sondern lenken die Aufmerksamkeit zurück nach innen, auf den eigenen Körper, den Atem und die hiermit verbundenen Prozesse. Noch mehr als die Körper- und Atemübungen betont die Yoga-Meditation diese Wendung nach innen. Manche haben daraus geschlossen, Yoga bedeute ‚Abkehr von der Welt'. So beschreibt schon die vor über 2000 Jahren entstandene *Bhagavadgītā* das weit verbreitete Missverständnis von Yoga als Weltflucht. Man liest hier von dem yogischen Asketen, der sich zur Meditation zurückzog und dabei all das, was er liebte, zurückließ: Frau, Kinder, Wohlstand oder gesellschaftliche Anerkennung. Und wie er da sitzt voller Stolz darauf, durch diesen Rückzug aus der Welt schon auf dem Weg des Yoga fortgeschritten zu sein, so kann er doch nichts anderes tun, als ständig an das zu denken, was er zurückgelassen hat: Frau, Kinder, Wohlstand oder gesellschaftliche Anerkennung. Dieser Yogī versteht nicht, was Yoga ist, wenn er sich äußerlich vom Handeln in der Welt in die Einsamkeit zurückzieht, gleichzeitig jedoch innerlich an all den Dingen hängt, an die er geistig und emotional gebunden ist.

Ein solch vermeintlicher Yogī meint, Yoga heißt, allem Handeln zu entsagen und die Welt zu verlassen. Die *Bhagavadgītā* macht jedoch nachdrücklich darauf aufmerksam, dass jeder, und deswegen auch jeder Yoga übende Mensch, solange er noch mit einem Körper hier in dieser Welt lebt, nie aufhören kann zu handeln. Überall, wo der Mensch hingeht, nimmt er sich selbst und die Welt mit. Der Yogī, der sich in eine Höhle des *Himālaya* oder auch in das Zimmer eines Yoga-Zentrums zurückzieht, der tauscht nur den einen Platz mit einem anderen Platz in der Welt aus. Und was das Wichtigste ist: Er bleibt immer der Gleiche. Yoga bedeutet jedoch nicht Veränderung des Ortes, sondern Veränderung der Person, nicht äußerliche Veränderung, sondern einen inneren Wandlungsprozess.

Natürlich kann es für diesen inneren Wandlungsprozess des Yoga sehr hilfreich sein, sich aus dem Trubel des Alltags in die Einsamkeit der Stille zurückzuziehen. Dieser äußere Rückzug bedeutet jedoch immer nur die Vorbereitung, nie schon das Ziel. Der Rückzug in die Stille bildet die Vorbereitung für eine innere Stille, die dann auch mitten im Getriebe der Welt gelebt werden kann. Der Weg nach innen fördert das Freiwerden von der Gebundenheit mitten im Alltag. In der yogischen Gelassenheit löst sich die Abhängigkeit von den Einflüssen und Manipulationen von außen. Man wird frei von der Bindung der ständigen Suche nach Anerkennung, von der Getriebenheit durch die Begierden oder von dem Mitschwimmen im Selbstverständlichen.

Um verstehen zu können, was Loslösung von der Gebundenheit mitten im Alltag heißt, benützt die *Bhagavadgītā* das berühmt gewordene Bild von der Lotosblume. Der Mensch verhält sich so wie ein Lotos im Wasser. Die Lotosblume hat ihre Wurzeln im Grund eines Teiches. Ihre Blüte jedoch ragt über die Wasseroberfläche hinaus und wird vom Wasser nicht benetzt. Wie der Lotos in Schlamm des Teiches wurzelt, seine

Blütenblätter jedoch vollkommen unbenetzt bleiben, so vermag auch der echte Yogī mitten im Irdischen der Welt zu leben und haftet doch an den Dingen der Welt nicht mehr an. Es wird möglich, mitten im Getriebe des Alltags zu handeln, ohne von den Dingen mitgerissen zu werden.

Der Weg zur Loslösung von ‚Gebundenheit' und ‚Anhaften' ist dann durch ein anderes Bild der *Bhagavadgītā* beschrieben, das Bild von der Flamme im Wind. Geist und Psyche verhalten sich zu Beginn gleichsam wie eine offene Flamme, die im Wind flackert. Der Geist flackert wie eine Flamme im Wind, wenn er einmal hier und einmal dort nach immer neuer Anerkennung sucht, nach mehr Wohlstand oder nach neuem Glück in der Befriedigung der Begierden. Der Mensch haftet an den Dingen und ist so gebunden und abhängig.

Yoga bedeutet jedoch ein Leben in Freiheit mitten in der Welt. Und Freiheit ist nur durch die Erfahrung einer Stabilität von innen möglich, welche die Loslösung vom Anhaften an den Dingen der Welt fördert. Der fortgeschrittene Geist verhält sich jetzt wie die Flamme in einer schützenden Lampe. Wie die Flamme in einer Lampe nicht mehr flackert und in sich ruht, so vermag auch der Yogī in den Stürmen der Welt innerlich stabil zu bleiben. Der Weg der Yoga-Übungen beginnt mit der Wendung nach innen und fördert so gerade die Bewusstheit für die innere Mitte. Die Erfahrung der inneren Mitte gilt es dann jedoch mitten in der Welt zu leben, in einem Leben aus der Kraft des wahren Selbst, aus der Kraft des Göttlichen, in einem Leben in Freiheit in der Welt.

Übung

Stellen Sie sich in der folgenden Übung vor, Sie wären eine Lotosblume inmitten eines großen Sees. Ihre Wurzeln reichen bis auf den Grund des Sees. Ihre Blüte ragt jedoch über die Oberfläche des Sees hinaus und wird so vom Wasser nicht benetzt.

Wie die Lotosblume im Boden wurzelt, leben wir mitten in der Welt, mit all unseren sozialen oder wirtschaftlichen Bezügen. Die Frage ist jedoch, wie weit wir mit der Blüte herausragen, wie sehr unser Leben von Gelassenheit und Freiheit geprägt ist oder von Anhaften, Gebundenheit und Abhängigkeit von Partnern, Kindern, Beruf oder Wohlstand. Das Bild der Lotosblume zeigt allerdings nur das yogische Ideal, keineswegs schon die Realität des gelebten Yoga.

Der Weg zu diesem Ideal wird durch das zweite Bild deutlich, dem Bild von der Flamme im Wind. Kennen Sie Situationen, wo Ihr Leben flackert wie eine Flamme im Wind, wo Sie an den Dingen der Welt anhaften und von außen gezogen werden oder sich ziehen lassen? Welches sind diese Dinge, an die Sie gebunden sind?

- *Ist es die Anerkennung durch andere, Erfolg in Familie und Beruf?*
- *Ist es die Freude an ihrem Besitz und der Stolz auf das, was Sie hervorgebracht und geleistet haben?*
- *Ist es die Bindung an Sexualität, gutes Essen, die Befriedigung der Begierden?*

In einer Lampe hört eine Flamme jedoch auf zu flackern. Sie brennt stabil bei Wind und Sturm. Kennen Sie Erfahrungen der Stabilität von innen, des Ruhens in der inneren Mitte, des Lebens aus dem wahren Selbst und dies mitten im Sturm der Welt?

- *Haben Sie zum Beispiel schon einmal erfahren, dass sie beleidigt oder beschimpft werden und sie nicht mehr an die automatisch einsetzende Reaktion von Aggression oder Wut gebunden sind, sondern Sie in sich selbst ruhen wie eine stabile Flamme in einer Lampe im Wind?*
- *Haben Sie sich schon einmal in hektischen Situationen erlebt, wo alle Menschen um Sie herum getrieben sind, sie selbst werden jedoch nicht mitgerissen, da Sie aus einer inneren Kraft heraus Stabilität erfahren, die als das wahre Selbst bezeichnet werden kann?*

Machen Sie sich bewusst, dass alle Yoga-Übungen keinen Zweck in sich selbst erfüllen. Die Übungen des Yoga bilden die Vorbereitung für ein Leben in Freiheit inmitten der Welt. Es gilt in der Übung zu lernen, immer mehr in unserer Mitte zu ruhen, um so auch im Alltag innere Stabilität leben zu können, wie die Flamme in einer Lampe im Wind.

Yoga in der Welt leben heißt, tief in der inneren Mitte verwurzelt zu sein und an den Dingen nicht mehr anzuhaften, wie der Lotos, der mit seinen Wurzeln im Grunde des Teiches verankert ist, dessen Blütenblätter jedoch vom Wasser nicht benetzt werden.

III. Die Philosophie der Übungspraxis

8. Das Wesen der Yoga-Übung

In der fast 3000-jährigen Geschichte des Yoga wurde eine nahezu unermessliche Vielfalt von Übungsformen entwickelt: die Körperübungen der *āsana*s sind heute weithin bekannt. Zu den ältesten Übungsformen gehören vor allem die Atempraxis des *prāṇāyāma* und die Meditation. Aber auch *Karma-Yoga*, der ‚Yoga des Handelns‘, *Bhakti-Yoga*, der ‚Yoga religiöser Hingabe‘ und auch *Jñāna-Yoga*, der ‚Yoga der Philosophie‘, gehören zu den großen klassischen Wegen der Übungspraxis des Yoga. Was ist in dieser Vielfalt der Wege jedoch das alles verbindende Grundprinzip? Welches Kriterium macht einen Übungsweg zu einem Yogaweg?

Allen Übungen gemeinsam ist die Aufgabe der ‚Reinigung‘ von Körper und Geist. Nach einem alten Bild werden die Verspannungen, die Unbewusstheit oder die Abhängigkeiten mit den Verschmutzungen eines Spiegels verglichen. Andere sprechen von Wolken, Rauch und Nebel, die die Sonne unseres wahren Selbst nicht durchscheinen lassen. Die Yogaübungen wirken dann wie Lappen und Bürste, mit welchen man diesen Spiegel säubern kann. Yoga fördert die Auflösung der inneren Wolken, so dass Bewusstheit für die Tiefe unseres wahren Selbst entsteht.

Wie können die Yoga-Übungen diese Wirkung entfalten? Wie funktioniert Yoga? Immer wieder wurde Yoga auch falsch oder einseitig verstanden. Im alten Indien bestand die Gefahr, Reinigung von Unbewusstheit und innerer Abhängigkeit durch äußere Askese erreichen zu wollen. Äußerlich scheint der Asket alles aufgegeben zu haben, innerlich bleibt der Spiegel seines Geistes jedoch durch seine Abhängigkeit von den Dingen verschmutzt und verdunkelt.

In der heutigen westlichen Kultur ist dann ein ganz anderes Missverständnis zu beobachten, wenn ein auf die Körperpraxis reduzierter Yoga ausschließlich auf die Steigerung von Fitness und Leistung ausgerichtet ist. Yoga-Übungen helfen bestimmte Fähigkeiten anzutrainieren wie etwa das Einnehmen von extremen Körperpositionen oder das lange Anhalten des Atems. Auch hier mögen durch die Übungen beeindruckende Wirkungen erreicht werden. Um Yoga im Sinne von Übung einer inneren Reinigung handelt es sich hierbei jedoch nicht. Weder durch traditionelle asketische Abtötung alles Körperlichen noch durch den modernen Körperkult wird es möglich, die Wolken unserer Unbewusstheit zu vertreiben, um die Sonne des wahren Selbst wieder erstrahlen zu lassen.

Um zu verstehen, was eine Übung zur wirklichen Yoga-Übung macht, ist es hilfreich, bei der großen klassischen Schrift des Yoga nachzuschauen, bei den *Yoga-Sūtras* des *Patañjali*. Die *Yoga-Sūtras* nennen zwei Grundprinzipien. Diese beiden Grundprinzipien lauten im Sanskrit *abhyāsa* und *vairāgya*, ins Deutsche mit ‚Übung' und ‚Loslösung' zu übersetzen. *Abhyāsa* und *vairāgya* bilden zwei Prinzipien, die zusammengehören wie die zwei Seiten einer Medaille. Nur wenn es gelingt, beide gleichzeitig zu realisieren, dann wird Yoga zu Yoga. Übung und Loslösung bilden die Kriterien, die uns sagen, ob eine Praxis wirklich Yoga ist oder ob auf der einen Seite zum Beispiel nur Gymnastik oder Bodybuilding und auf der anderen einfach nur Entspannung oder Wellness vorliegt.

Das erste Prinzip *abhyāsa* heißt Übung und meint das aktive Tun, die konkrete Anstrengung des Übenden. *Abhyāsa* ist vor allem am Anfang wichtig. Es gilt, sich aktiv auf den Weg zu machen, eine Übungstechnik zu erlernen, sich auf den Körper, auf den Atem oder auch auf den Wortklang eines *Mantra* in der Meditation zu konzentrieren und hiermit zu üben. Wenn Yoga jedoch ausschließlich aus *abhyāsa*, das heißt aus Anstrengung und Konzentration besteht, dann entsteht die Gefahr, dass sich die Verspannungen des Alltagsbewusstseins noch vergrößern. Sie werden nicht aufgelöst, sondern können sogar anwachsen. Eine solche Vereinseitigung der Yoga-Übung mündet im Extremfall in eine verkrampfte Praxis.

Die Übung von *abhyāsa* ist im echten Yoga deswegen immer verbunden mit *vairāgya*, der ‚Loslösung' von Anstrengung und Bemühen. In *vairāgya* ist der Übende passiv. In *vairāgya* lässt man los von allem Tun, von aller Anstrengung. Es geschieht Loslösung, Entspannung, ein Fließen-Lassen oder Hingabe. Hiermit ist jedoch nicht gesagt, dass es im Yoga ausschließlich um Loslassen und Entspannung gehen würde. Die Überbetonung der Loslösung führt schnell zu einem Sich-Treiben-Lassen und einem unfruchtbaren Nichtstun. Das Alltagsbewusstsein verbleibt in seinen althergebrachten Strukturen und nichts hätte sich verändert.

Würde die Yoga-Praxis nur aus *abhyāsa* bestehen, das heißt nur aus Übung, Ausdauer und Anstrengung, so könnte nur

Machbares erreicht werden. Praktiziert man auf der anderen Seite ausschließlich *vairāgya*, das heißt Loslösung, so würden sich Geist und Körper ohne Bewusstheit treiben lassen.

Das Besondere der Yoga-Übung liegt in einem Zusammenkommen von *abhyāsa* und *vairāgya*, von aktiver Anstrengung und Konzentration auf der einen und passivem Loslassen und Entspannung auf der anderen Seite. Aus der Perspektive des Alltagsbewusstseins klingt dies widersprüchlich. Wie sollte man aktiv und passiv zugleich sein? Wenn dies so leicht wäre, bräuchte man allerdings auch nicht lange und ausdauernd Yoga zu üben. Immer wieder wird man während des Übens in die eine oder die andere Einseitigkeit abgleiten. Jedoch erst wenn Übung und Loslösung zusammenkommen, dann entstehen eine ganz besondere Form von Aktivität und eine spezielle Weise der Passivität. Die Übung wird konzentriert und in dieser Konzentriertheit gelassen und entspannt. Es entsteht jenes ‚Weniger-Machen‘, durch das man ‚mehr empfangen‘ kann. Übung und Loslösung kommen zusammen, wenn der Übende immer weniger macht und sich immer mehr tragen lässt. In der Verbindung von *abhyāsa* und *vairāgya* erwacht die Erfahrung der Kraft in der Leichtigkeit. Die Kraft in der Leichtigkeit kann im Körper, im Atem, im Geist, im alltäglichen Handeln oder auch im religiösen Ritual erfahren werden. Ich mache immer weniger und empfange immer mehr. Und letztlich mache ich nichts und empfange alles.

Dies deutet schon darauf hin, dass die Übung des Yoga nicht Selbstzweck ist. Die Übung arbeitet darauf hin, immer weniger zu üben und letztlich auch die Übung hinter sich zu lassen. Hierauf weist folgendes Gleichnis aus den *Upaniṣads*:

Doch ein Wagen ist nur dienlich, solange man auf dem Fahr-weg ist. Wer an des Fahrwegs Endpunkt kommt, steigt ab und geht zu Fuß.
(Amṛtabindu-Upaniṣad 3)

Alle Yoga-Übungen sind wie ein Wagen auf dem Yoga-Weg, der die Übenden auf dem Weg der Reinigung von ihren Verspannungen, von Unbewusstheit oder Abhängigkeiten wichtige Dienste leistet. Je mehr wir die Perspektive des Yoga verwirklicht haben, desto mehr gilt es auch die Abhängigkeit von der Übungspraxis zu lösen. Bei aller Dankbarkeit für den Schatz der Übungspraxis so bedeutet Yoga doch, auf eigenen Füßen gehen zu lernen und zuletzt auch die Übungspraxis wie einen Wagen am Ende des Fahrwegs abzustellen.

Übung

Es spielt keine Rolle, welche Form des Übens Sie praktizieren. Die Grundprinzipien von abhyāsa und vairāgya, wie sie Patañjali in den Yoga-Sūtras so trefflich formuliert hat, gelten für die Körperübungen, die Atemregelung, für Meditation wie auch für alle anderen Formen der Yoga-Übung. Abhyāsa und vairāgya bilden auch für die philosophische Reflexion wichtige Leitlinien der Überprüfung, ob wir noch auf dem richtigen Weg sind.

Prüfen Sie zuerst, wie stark Sie abhyāsa in Ihrer Übungspraxis verwirklichen können, das Moment der Aktivität, Anstrengung und Konzentration.

- *Gelingt es Ihnen immer, die notwendige Aktivität aufzubringen und regelmäßig zu üben?*
- *Wie steht es mit Ihrer Bequemlichkeit aus, Ihrem ‚inneren Schweinehund‘, der immer wieder zu überwinden ist, um aktiv zu werden und mit dem Üben zu beginnen und das Üben auch durchzuhalten?*

Prüfen Sie dann, inwieweit Sie vairāgya verwirklichen können, das Moment der Loslösung und Entspannung.

- *Gelingt es Ihnen, in der Übung zu entspannen und loszulassen?*
- *Ist es für Sie möglich, sich auf das Üben einzulassen, mit Hingabe zu üben und das Üben geschehen zu lassen?*
- *Können Sie ohne Leistungsdruck üben und letztlich üben, ohne etwas zu wollen?*

Am Anfang ist vor allem abhyāsa wichtig, aktiv zu werden, mit dem Üben zu beginnen und die Praxis durchzuhalten. Dann gilt es auch vairāgya zu kultivieren: Loslösung vom Machen, Loslassen im Üben. Yoga wird erst wirklich zu Yoga, wenn es gelingt, beide Momente von Übung und Loslösung gleichzeitig zu verwirklichen. Das ‚Zaubermittel‘ hierfür heißt: ‚Wiederholung‘. Mit Yoga ist es wie mit dem Zähneputzen. Es hilft nur wenig, wenn man es nicht regelmäßig macht. Die regelmäßige Wiederholung der Yoga-Übungen weist den Königsweg, immer tiefer in die Achtsamkeit zu gelangen und die konzentrierte Gelassenheit entstehen zu lassen. Immer mehr wird dann die Kraft nicht im Machen, sondern die Kraft in der Leichtigkeit erfahren. Die Einheit von abhyāsa und vairāgya, von Aktivität und Passivität, die am Anfang so schwer zu verstehen war, wird jetzt zur konkreten Erfahrung.

9. Die Philosophie der *āsanas*

Die heute populärste Form des Yoga ist der *Haṭha-Yoga*. Und *Haṭha-Yoga* beginnt mit der Körperpraxis der *āsanas*. Was bedeutet eigentlich der Sanskrit-Begriff *āsana*, mit dem die Köperübungen bezeichnet werden? Wörtlich ist *āsana* mit ‚Sitz' oder ‚Sitzhaltung' zu übersetzen. Nun wird man heute in den seltensten Fällen sitzen, wenn man *āsanas* übt. Die wörtliche Bedeutung weist auf den historischen Ursprung dieser Übungen und kann nur mit einem Blick weit zurück in die Geschichte des Yoga verstanden werden.

Die Übungspraxis des Yoga begann nicht mit den heute so populären Körperübungen des *Haṭha-Yoga*. Als man vielleicht ab dem 7. oder 6. Jahrhundert v. Chr. Yoga entdeckte, entwickelte man vor allem die Meditation als wichtigste Übung des Yoga. Für Meditation war allerdings die Fähigkeit gut ‚sitzen' zu können von Anfang an zentral. So wird schon in den ältesten Texten des Yoga, in den *Upaniṣads*, das rechte Sitzen als vorbereitende Übung für die Meditation betont.

Als dann später der legendäre *Patañjali* in seinen *Yoga-Sūtras* seinen achtgliedrigen Pfad des Yoga zusammenstellte, so betonte auch er das Üben des rechten ‚Sitzens' für die Meditation. Er fügte die Übung des rechten Sitzens als drittes Glied in die acht Glieder seines Weges ein und nannte sie: *āsana*, eben ‚Sitz' oder ‚Sitzhaltung'. Weit bekannt ist auch die in den *Yoga-Sūtras* zu findende Kurzdefinition von *āsana*: *Sthira sukham āsanam - Der Sitz soll fest und angenehm sein. (Yoga-Sūtras des Patañjali 2.46)*

73

Patañjali beschreibt nicht eine bestimmte Beinhaltung, nicht, wo die Arme zu liegen haben, und auch nicht, ob der Rücken aufrecht gehalten werden soll. Genannt sind zwei allgemeine Prinzipien, die eher Grundsätzliches über das rechte Sitzen aussagen. Es geht allerdings um zwei Prinzipien, die sich auf den ersten Blick zu widersprechen scheinen. Ist es möglich, dass eine Sitzhaltung fest und stabil und gleichzeitig auch angenehm und entspannt sein kann? Geht eine feste Sitzhaltung nicht auf Kosten eines angenehmen Sitzens? Und umgekehrt: Führt nicht ein angenehmes und entspanntes Sitzen gerade zum Verlust von Stabilität und Festigkeit?

Was mit ‚fest' und ‚angenehm' gemeint ist, dies wird erst deutlich, wenn wir die Bestimmung des rechten Sitzens mit den von *Patañjali* schon vorher aufgezeigten zwei Prinzipien der Yoga-Übung vergleichen, *abhyāsa* und *vairāgya*. *Patañjali* nennt das erste Prinzip der Yoga-Übung *abhyāsa*, das heißt ‚Übung'. Für Yoga ist es wichtig, aktiv zu werden, sich zu bemühen und so Festigkeit und Stabilität zu erreichen. Durch die ‚Übung' von *abhyāsa* kann somit erreicht werden, dass der Sitz ‚fest' und stabil wird. Yoga wird jedoch nur Yoga durch ein zweites Prinzip: *vairāgya*, die ‚Loslösung'. Erst wenn wir auch loslassen und entspannen, dann wird das Sitzen angenehm. Das *āsana* als das yogische Sitzen verwirklicht beides zugleich. Zu Beginn wird die Stabilität des Sitzens durch Anstrengung gefördert. Das ausdauernde Üben steigert die Beweglichkeit und Dehnbarkeit des Körpers, so dass es immer besser möglich wird, sich für den guten Sitz weniger anzustrengen und eine angenehme und entspannte Stabilität des Sitzens zu realisieren. Man sitzt in großer

Festigkeit und gleichzeitig vollkommen mühelos. Die angenehme Stabilität des Sitzens entsteht durch die Lösung aller Verspannungen und das Einlassen auf die innere Mitte. Die Kraft der Stabilität der rechten Haltung speist sich aus der Leichtigkeit des Ruhens in sich selbst. Es geht nicht um eine äußere, sondern um eine innere Stabilität aus der Kraft des Unendlichen. *Patañjali* versteht unter *āsana* somit viel mehr als nur die Vorbereitung auf die Meditation, wie noch in den *Upaniṣads*. Das *āsana* als Übung des Sitzens erscheint aufgewertet zu einer vollwertigen Yoga-Übung.

Der *Haṭha-Yoga*, der dann wiederum später ab dem 10. Jahrhundert n. Chr. entstand, konnte dann genau auf diese Prinzipien des klassischen Yoga des *Patañjali* aufbauen und sie weiterführen. Auch für die *Haṭha-Yogīs* war die Meditation wichtig. Sie hatten jedoch die ganz besondere Bedeutung des Körpers für ein ganzheitliches Wachstum des Menschen entdeckt. Nachdem fast 2000 Jahre die Entwicklung des Geistes im Mittelpunkt der Yoga-Praxis stand, wurde jetzt deutlich, dass man auch den Körper in diesen Entwicklungsprozess zu integrieren hatte. Die *Haṭha-Yogīs* entwickelten Körperübungen, wie sie in der Geschichte des Yoga vorher noch nie zu finden waren. Diese Körperübungen stellten sie an den Anfang ihres Übungsweges und nannten sie mit Bezug auf das dritte Glied des achtgliedrigen Pfades der *Yoga-Sūtras* des *Patañjali*: ‚*āsana*'. Und dies tat man aus gutem Grund. Obwohl die *āsanas* des *Haṭha-Yoga* nur wenig mit einem Sitz zu tun hatten, so konnte man in der Entwicklung einer Körperpraxis doch gut von der Haltung des Sitzens ausgehen.

Gleichsam in Variationen des einfachen Sitzens entstehen Drehhaltungen, Umkehrstellungen und Haltungen im Stehen oder Liegen. Bis heute sind nicht nur unzählige weitere Variationen dieser klassischen *āsanas*, sondern auch zahlreiche neue Körperhaltungen gefunden worden, ganz zu schweigen von den immer populärer werdenden dynamischen Körperübungen.

Und auch auf die Philosophie von *āsana* konnte der *Haṭha-Yoga* wunderbar aufbauen. Auch die Körperübungen des *Haṭha-Yoga* sollen fest und gleichzeitig angenehm sein. Sie verlangen die Aktivität und die Anstrengung der Übung und gleichzeitig gilt es, in diesem Üben loszulassen und sich tragen zu lassen. Die Körperübungen zeigen, wie es möglich wird, sich mit dem Körper auf die Unendlichkeit der inneren Mitte einzulassen und mit der Kraft der inneren Leichtigkeit aus ihr zu leben. Somit versteht es der *Haṭha-Yoga,* den Grundansatz des klassischen Yoga des *Patañjali* aufzunehmen und ihn ganz praktisch auf die körperliche Ebene anzuwenden.

Wenn der *Haṭha-Yoga* jetzt von *āsana* als ‚Körperübungen' spricht, meint er all das, was schon der klassische Yoga über *āsana* als dem ‚rechten Sitzen' sagte, und er meint noch mehr. Durch die *āsanas* als Körperübungen wird es möglich, gezielt nicht nur die geistigen, sondern auch die körperlichen Blockaden anzugehen. Es wird möglich, in einer spezifischen Weise auch den Körper von den Verspannungen und Unbewusstheiten zu reinigen, so dass Bewusstheit und innere Lebendigkeit von Geist *und* Körper geschult werden. Der Weg des

Yoga hat sich jetzt zu einem ganzheitlichen Wachstumsprozess erweitert, der ganz gegenständlich beginnt und den Menschen dann zu den höchsten Höhen führen kann.

Die traditionellen Texte des *Haṭha-Yoga* sprechen so von
der Stärkung, Entspannung und Beruhigung des Körpers zu
Beginn des Übungsweges, von der Verdauungsförderung und
Stärkung der körperlichen Gesundheit und auch von der
Therapie bestimmter körperlicher und psychischer Krankheiten. Die Wirkung der *āsanas* reicht dann jedoch viel
weiter. Die Lösung der Körperblockaden bildet die Voraussetzung dafür, dass innere Energien ins Fließen kommen. Es
wird von der *prāṇa*-Energie gesprochen, einer inneren Energie, die stark mit der Lebendigkeit des Atmens verbunden ist.
Wenn *prāṇa* in Fluss gebracht ist, so bildet dies wiederum die
Voraussetzung für die Erweckung einer noch tiefer liegenden,
verborgenen, göttlichen Energie, die *kuṇḍalinī* genannt wird,
die dann vom Beckenboden aus aufsteigt und den Menschen
zur Erfahrung von *samādhi* führt, zur inneren Einung, zum
Erwachen unseres wahren, göttlichen Selbst als der Erleuchtung von Körper und Geist.

Mit dem Ausblick auf die *samādhi*-Erfahrung knüpft der
Haṭha-Yoga wiederum an *Patañjali* an. Die *āsanas* als die
Körperübungen des *Haṭha-Yoga* bilden den Einstieg in die
Übungspraxis des Yoga. Mit ihnen können die Gesundheit
des Körpers und auch die Therapie mancher Krankheiten
gefördert werden. Die Perspektive selbst der Körperübungen
geht jedoch weit über diese ersten Wirkungen hinaus. Die

āsanas bereiten den Körper für die Erfahrung der inneren Einung, für die Erfahrung des göttlichen Selbst, die von Anfang an, seit der Entdeckung des Yoga, als die wahre Perspektive des Yoga gilt.

Übung

In der Geschichte des Yoga können für die Philosophie von āsana drei Bereiche unterschieden werden: die Philosophie in den alten Upaniṣads, in den klassischen Yoga-Sūtras des Patañjali und im Haṭha-Yoga. Aus allen drei Bereichen können wir für unsere heutige Yoga-Praxis vieles lernen.

1. Die Erfahrung der Bedeutung guten Sitzens in den Upaniṣads:
Die alten Upaniṣads kennen āsana als das Üben des rechten Sitzens als Vorbereitung für die Meditation. Wenn die Glieder beim Sitzen wehtun und der Rücken schmerzt, dann fällt das Meditieren schwer. Hiernach ist den Meditierenden zu empfehlen, vor der Meditation das gute Sitzen zu üben.

2. Die Philosophie von āsana im klassisch-philosophischen Yoga nach Patañjali:
Die klassischen Yoga-Sūtras des Patañjali geben wichtige Richtlinien dafür, wie das rechte Sitzen auszusehen hat. Diese Richtlinien können sowohl für den Meditationssitz wie auch für jede andere Körperübung angewendet werden. Nach Patañjali zeichnet sich das gute āsana dadurch aus, dass es erstens ,fest' und zweitens ,angenehm' ist.
Prüfen Sie die Festigkeit sowohl Ihres Sitzens wie auch Ihrer gesamten Körperpraxis:
• *Handelt es sich um eine gemachte Festigkeit oder entsteht sie ohne Bemühen?*

- *Müssen Sie viel Kraft aufwenden oder entsteht Festigkeit ohne Zutun ganz von selbst?*

Yogische Stabilität in einem āsana entsteht, wenn Festigkeit zugleich angenehm ist. Sie kommt von alleine auf, wenn wir uns weniger bemühen müssen, wenn die Kraft in der Leichtigkeit trägt. Suchen Sie jetzt in Ihrer Übungspraxis, wo Sie schon erfahren haben, dass die Übung fest und angenehm zugleich wurde, wo Sie die Kraft in der Leichtigkeit spüren.

- *Nehmen Sie die beiden Prinzipien von Anstrengung bei gleichzeitigem Loslassen als Leitgedanken in Ihre zukünftige Übungspraxis.*

3. Die Entwicklung von āsana zur Körperpraxis im Haṭha-Yoga:
Erst der Haṭha-Yoga entwickelte das āsana zur vollen Körperpraxis. Der Weg des Yoga beginnt jetzt mit Körperübungen und konkreten, körperlichen Erfahrungen.

- *Konnten Sie schon erfahren, wie sich in den Körperübungen der āsanas Verspannungen in den Muskeln lösen und die Bewusstheit für Ihren Körper zunimmt?*

- *Konnten Sie konkrete Wirkungen durch Ihre āsana-Praxis feststellen, wie die Stärkung Ihrer Gesundheit und Abnahme von Krankheiten?*

Der Körper dient jetzt jedoch auch als Fahrzeug für die höchste Erleuchtung. Im Yoga zu wachsen heißt für die Körperpraxis des Haṭha-Yoga, sich für die tieferen, den körperlichen Bereich übersteigenden Erfahrungsebenen zu öffnen.

- *Wie weit sind Sie schon in den Bereich der energetischen Erfahrungen vorgedrungen, die im Sanskrit mit prāṇa oder kuṇḍalinī bezeichnet werden?*

- *Konnten Sie erfahren, dass Sie von einer inneren Energie getragen sind, die Sie nicht machen, die Sie trägt, einer Energie, die der Haṭha-Yoga als ‚göttliche‘ Energie bezeichnet?*

Selbst wenn Sie mit den zuletzt gestellten Fragen noch wenig anfangen können, so gilt es sich doch zu vergegenwärtigen, was die philosophische Perspektive der āsana-Praxis ausmacht.

10. Die Philosophie von *prāṇāyāma*

Wenn man in der Übung der *āsanas* weiter fortgeschritten ist, so kann die Praxis mit Atemübungen erweitert werden. Die Atempraxis gehört zu den ältesten Übungsformen des Yoga. Schon zu der Zeit der *Upaniṣads* entdeckte man, dass Atem und Geist wechselseitig aufeinander wirken. Man stellte fest, dass die geistige Unruhe in Zorn, Wut oder Aufregung zu einem unruhigen und heftigen Atmen führt, während ein ausgeglichener Geist mit einer ruhigen Atmung einhergeht. Die Atemübungen machen sich diesen Zusammenhang von Geist und Atmung zunutze, um umgekehrt von der Atmung aus auf den Geist, das Denken und die Emotionen zu wirken. Die Atemübungen des Yoga sind so als *prāṇāyāma* zu verstehen, als ‚Atemregulierung‘. Sie helfen den Atem zu regulieren, zu verlangsamen und zu beruhigen, um so ausgleichend auf Emotionen, Denken und Geist einzuwirken.

Während man in den *Upaniṣads*, ganz zu Beginn in der Geschichte des Yoga, den grundlegenden Zusammenhang zwischen Atmung und Geist erkannte und sich diesen Umstand für die Übungspraxis zu Nutze machte, ging später der klassische Yoga der *Yoga-Sūtras* des *Patañjali* schon einen Schritt weiter. *Patañjali* systematisierte die Atemübungen des *prāṇāyāma* und fügte sie als viertes Glied in seinen achtgliedrigen Pfad ein. Nachdem eine gute Sitzhaltung erreicht war, galt es, sich als Nächstes dem *prāṇāyāma* zu widmen.

Was heißt jedoch *prāṇāyāma* nach *Patañjali*? Wiederum

können wir durch seine Analysen vieles über die innere Struktur dieser Übung des Yoga lernen. Das normale Atmen besteht nach *Patañjali* aus drei immer wiederkehrenden Phasen: der ‚Einatmung‘, der ‚Ausatmung‘ und den dazwischen liegenden ‚Atempausen‘. Diesen allgemeinen Verlauf des Atmens gilt es durch *prāṇāyāma* auszudehnen und zu verlangsamen. Es entsteht eine Feinheit des Atmens, wodurch auch die Aktivitäten des Geistes subtiler werden. Wenn *Patañjali* dann jedoch das Ziel der Atempraxis beschreibt, ist das, was er meint, nur schwer zu verstehen. *Patañjali* spricht jetzt von einer über die drei allgemeinen Atemphasen hinausweisenden ‚vierten‘ Atemform. Aber was kann neben Einatmung, Ausatmung und Atempausen noch mit dieser vierten Atemform gemeint sein? *Patañjali* erklärt, dass die ‚Vierte‘ alle äußeren und inneren Gegenstände übersteigt, alles, was äußerlich sichtbar ist oder was innerlich vorgestellt werden kann. Einatmung, Ausatmung und Atempausen geschehen im Bereich der äußeren Gegenstände. Sie sind machbar und von außen sichtbar. Ziel ist es nicht, dieses äußere Atmen nach innen zu verlegen, in den Bereich der gedachten Gegenstände, das heißt, sich das Atmen nur vorzustellen. Der Weg zur ‚vierten‘ Form des Atmens verändert die gesamte Atmung grundlegend. Während die ersten drei Phasen von Einatmung, Ausatmung und Atempausen machbar sind, entzieht sich die vierte Form jeder Machbarkeit. Die vierte Form des Atmens entsteht dann, wenn wir beim Atmen immer weniger Machen und das Atmen eine grundlegend andere Qualität erreicht. Gemeint ist der Weg von einem gemachten Atem zu einer in sich selbst ruhenden Atmung. Die vierte Form des Atmens

84

geschieht dann, wenn wir ‚immer weniger machen' und in dieser Weise ‚immer mehr bekommen'.

Und wenn die Atmung in sich ruht, dann ruht auch der Geist. So bezieht sich das, was in heutiger Sprache mit 'mehr bekommen' ausgedrückt ist, nicht nur auf die Atmung, sondern auch auf Emotionen und Denken. In der vierten Form des in sich ruhenden Atmens schwindet die Hülle der Unbewusstheit, die die innere Erleuchtung bedeckt. Mit der Beruhigung des Atmens geht die Beruhigung der seelisch-geistigen Aktivitäten einher. Verspannungen, Abhängigkeiten oder emotionale Gebundenheiten wirken wie eine Hülle, die unser wahres, inneres Selbst, unsere innere Erleuchtung verdecken. Die ‚Vierte' bedeutet somit keine zusätzliche Atemphase, sondern die Öffnung für ein aus der inneren Ruhe getragenes Leben, ein Atmen aus der Klarheit des in sich ruhenden Geistes.

Die vielfältigen Atemübungen des Yoga, von der ‚Nasenwechselatmung' bis hin zu komplizierten *prāṇāyāmas*, entstanden allerdings erst viel später im *Haṭha-Yoga*. Darüber hinaus entwickelten die *Haṭha-Yogīs* sogar eine eigenständige Philosophie des *prāṇāyāma*. Im Unterschied zu *Patañjali* unterscheidet der *Haṭha-Yoga* nicht drei, sondern vier sichtbare Atemphasen: ‚Einatmung', ‚Ausatmung', ‚Atempause nach dem Einatmen' und ‚Atempause nach dem Ausatmen'. Von allen Phasen kommt dabei der Atempause eine ganz besondere Bedeutung zu. In der Atempause ruht die Atmung. Und um die Beruhigung des Atmens soll es ja seit Entdeckung der Atemübungen im Yoga gehen. Aber nur das

Atmen zu stoppen ist noch nicht genug. Es wird berichtet, dass manche Yogīs zwar große Berühmtheit dafür erlangten, dass sie über lange Zeit ihre Atmung anhalten konnten. Und doch wird immer wieder betont, dass es sich beim willentlichen Anhalten des Atmens oder bei der Unterdrückung der Atemtätigkeit nicht um *prāṇāyāma* im ursprünglichen Sinn handelt.

Jetzt wird deutlich, dass man zwar den Vorgang des Atmens und die verschiedenen Phasen der Atmung je unterschiedlich einteilen kann, dass das, was den inneren Kern der Atemübung des Yoga ausmacht, jedoch immer gleich bleibt. *Patañjali* sprach von der ‚vierten‘ Atemform, um das nicht mehr herstellbare Atmen aus der Klarheit des in sich ruhenden Geistes zu deuten. Um das gleiche Phänomen zum Ausdruck zu bringen, unterscheidet der *Haṭha-Yoga* zwischen der ‚gemachten‘ Atempause und der ‚von allein aufkommenden‘ Atemstille, auf die allein es in der Atemübung ankommt.

Natürlich muss die Atemübung, wie jede andere Übung auch, mit dem willentlichen Entschluss und der ‚machenden‘ Durchführung der beschriebenen Atemtechnik beginnen. Zu Beginn des Übens kann der Atem nur in den Atempausen zwischen Ein- und Ausatmung bzw. zwischen Aus- und Einatmung angehalten werden. Der wirkliche Fortschritt in der Übung besteht nun nicht in der Verlängerung dieser Pausen. Es würde so nur das willentliche Anhalten des Atems verlängert, um das es ja überhaupt nicht geht. Die allein aufkommende Atemstille kommt von selbst. Sie entsteht dann, wenn die Zyklen des Atmens immer konzentrierter, ruhiger und feiner werden. Die Atmung beruhigt sich im Prozess der Übung, ohne dass etwas gemacht würde, bis ohne jedes Machen das Atmen und mit ihm auch die seelisch-geistigen Aktivitäten in sich zu ruhen beginnen. Die ‚vierte' Phase des Atmens bei Patañjali und die ‚von allein aufkommende' Atempause im *Haṭha-Yoga* scheinen auf die gleiche Perspektive der yogischen Atempraxis zu weisen.

Für den *Haṭha-Yoga* wird es dann jedoch wichtig, den Blick nicht nur auf den geistigen Bereich, sondern auch auf den Körper zu richten. Nicht nur die Verspannungen, Abhängigkeiten oder emotionalen Gebundenheiten von Seele und Geist haben sich aufzulösen, wenn in dieser Weise Atem und Geist in sich ruhen. Der Blick wird auch auf die Verkrampfungen und Blockaden des Körpers gelenkt. In sehr gegenständlichen Bildern sprechen die Texte des *Haṭha-Yoga* von einer ‚Reinigung' der im Körper verlaufenden ‚Kanäle', so dass die Energie in ihnen wieder zu fließen vermag. Der *Haṭha-Yoga* verwendet hier Bilder, die leicht falsch interpretiert werden können. Wenn Energiekanäle im Körper verstopft sind, handelt es sich keineswegs um materielle Ablagerungen oder Unreinheiten. Und wenn der *Haṭha-Yoga* von Energie spricht, so geht es weder um physikalische Energie noch um thermische Energie und schon gar nicht um elektrische Energie. Energie soll in den Kanälen nicht wie Strom in den Stromleitungen fließen.

Alle Bilder des *Haṭha-Yoga* sind gegenständliche Ausdrucksformen feinster Erfahrungen. Die Unreinheit der Kanäle deutet auf Verspannung und Blockaden im Körper, noch mehr auf Unbewusstheit und Dumpfheit oder den Mangel an innerer Lebendigkeit und Lebenskraft. Wenn Atemübungen die Reinigung fördern, so bedeutet Reinigung das Auflösen dieser Verspannungen und ein Wachsen an Bewusstheit. Umso weniger in der Übung gemacht wird, desto mehr erfährt der Übende eine Energie, die nicht nur Psyche und Geist, sondern auch den Körper zu tragen beginnt. Die *Haṭha-Yogīs* nennen diese Energie *prāṇa* und verstehen jetzt unter diesem Begriff nicht nur Atem, sondern die Erfahrung der Urenergie des Lebens schlechthin. Wenn der Atem aus sich selbst zu einer inneren Ruhe gelangt ist, die Verspannungen in Geist und Körper sich aufgelöst haben, dann sind die Voraussetzungen dafür geschaffen, dass die göttliche Energie des *prāṇa* ungehindert fließen kann und Körper und Geist erfüllt.

Nach den Texten des *Haṭha-Yoga* kann das Fließen von *prāṇa* durchaus auf der materiellen Ebene auch zu einer stabilen Gesundheit, einem schönen Körper bis hin zu einem langen Leben führen. Für den yogischen Prozess ist jedoch wiederum die Wirkung nach innen wichtig. Der Körper wird durchlässig und lebendig. Das Fundament ist gelegt, weiter in die spirituelle Tiefe der menschlichen Existenz vorzudringen. Die Philosophie des *prāṇāyāma* zeigt sich somit als ein Prozess der Verlebendigung und Bewusstwerdung von außen nach innen, vom materiellen Körper über verschiedene Stufen letztlich bis hin zur Erfahrung des wahren, göttlichen Selbst als der spirituellen Tiefe des Menschen.

Übung

Die Philosophie des *prāṇāyāma* vollzieht sich in drei Entwicklungs-
stufen. Es wird zuerst in den Upaniṣads das Grundprinzip der Atemübung entdeckt. Patañjali vermag dann den Weg, den die Übung des
prāṇāyama geht, zum ersten Mal philosophisch zu analysieren und
aufzuzeigen. Als das Verdienst des Haṭha-Yoga kann dann jedoch
gelten, konkrete Atemübungen in großer Vielfalt als eine energe-
tisch/körperliche Praxis entwickelt zu haben. Diese drei Ent-
wicklungsstufen sollen in der folgenden Reflexionsübung konkret
bewusst gemacht werden.

1. Die Erfahrung des Grundprinzips der Atemübung in den Upaniṣads:
Versuchen Sie sich daran zu erinnern, als Sie das letzte Mal wütend,
zornig, außer sich oder aufgeregt waren. In welcher Weise haben
Sie geatmet? Erinnern Sie sich jetzt an eine Situation, die von Ruhe
und Zufriedenheit gekennzeichnet war. Sie werden feststellen, dass
ein unruhiger Geist zu einer unruhigen Atmung führt, wie ausgegli-
chene seelisch-geistige Zustände auch mit ruhigem Atmen einher-
gehen. Die Atemübungen des *prāṇāyama* versuchen umgekehrt von
der Seite der Atmung auf Emotionen und Denken zu wirken.

• Beobachten Sie bitte, wie im Prozess der Beruhigung des Atmens in Ihrer Atemübung auch die Bewegungen und Gebundenheiten im emotionalen und geistigen Bereich zur Ruhe kommen.

- *Nehmen Sie diese Erkenntnis auch in den Alltag mit. Versuchen Sie in einer Angst- oder Stresssituation wie in der Atemübung ruhig und gelassen zu atmen und beobachten Sie, wie sich auch ihr psychischer Zustand beruhigt und innere Stabilität entsteht.*

2. Die Philosophie von prāṇāyama im klassisch-philosophischen Yoga nach Patañjali:
Eine erste philosophische Systematik der Atemübungen wird in den Yoga-Sūtras entwickelt. Üben Sie im Sinne von Patañjali, indem Sie auf die drei Atemphasen achten: Einatmung, Ausatmung und Atempausen. Vergegenwärtigen Sie sich, dass alle drei Phasen machbar, das heißt willentlich zu beeinflussen sind. Sie könnten willentlich schnell oder auch langsam einatmen, ausatmen und auch in gewissen Grenzen die Dauer der Atempause bestimmen. Vergegenwärtigen Sie sich dann, wie sich Ihr Atmen verändert, wenn Sie lange Zeit und über einen größeren Zeitraum hinweg diese Atembeobachtung geübt haben. Ihre Atmung verändert sich dann zu der Atemform, die Patañjali die ,Vierte' nennt. Die Hüllen der Verspannungen, Abhängigkeiten und emotionaler Getriebenheiten in Seele und Geist beginnen sich aufzulösen und innere Erleuchtung wächst.

3. Die energetisch/körperliche Dimension der Atempraxis im Haṭha-Yoga:
Erst im Haṭha-Yoga werden die vielfältigen Formen der Atemübungen entwickelt, wie wir sie heute kennen. Wenn Sie schon ein prāṇāyāma des Haṭha-Yoga erlernt haben, achten Sie besonders auf die Atempausen. Sie werden feststellen, dass sie zu Beginn Ihrer Übungspraxis die Länge der Atempausen willentlich beeinflussen.

*Vergegenwärtigen Sie sich dann, wie sich die Atempausen verän-
dern, wenn Sie lange Zeit und über einen größeren Zeitraum hinweg
prāṇāyāma geübt haben. Sie werden feststellen, dass sich vermehrt
eine Ruhe im Atmen einstellt, die gleichsam von selbst entsteht.
Achten Sie darauf, wie die von allein aufkommende Atemstille mit
einer geistigen Beruhigung einhergeht.*

*Achten Sie auch darauf, wie die Atemübungen eine Reinigung Ihres
Körpers von Verspannungen und Unbewusstheit fördern können, so
dass Sie sich von einer Energie getragen erfahren, die im Haṭha-
Yoga prāṇa genannt wird.*

11. Die Philosophie der Meditation

Als die ersten Yogīs vor fast 3000 Jahren zur Zeit der *Upa-nisads* auf die Suche nach Übungen gingen, um den Menschen für die Erfahrung seines wahren Selbst zu öffnen, entwickelte man schon sehr früh die Meditation. Yoga zu üben hieß zuerst: meditieren. In einem berühmten Vergleich wurde Meditation damals mit dem Feuermachen verglichen. Allerdings waren moderne Feuerzeuge und Streichhölzer zu jener Zeit im alten Indien noch nicht bekannt. Man machte Feuer mit Reibhölzern. Ein kleinerer Holzstab wurde so lange auf einem auf dem Boden liegenden größeren Holz gedreht, bis ein Funke entstand, der das Feuer entfachte. Das untere große Holz entspricht nach dem Bild der *Upanisads* dem Körper des Meditierenden, der kleine Holzstab einem *Mantra*, einem Meditationswort, und das Drehen dieses Stabes dem ständigen Wiederholen des *Mantras.* Heute werden in der Yoga-Meditation zahlreiche solcher Meditationsworte verwendet. Zur damaligen Zeit kannte man nur ein *Mantra*, das allerdings bis heute als das wichtigste *Mantra* Indiens gilt: *OM.* Wie beim Feuermachen über lange Zeit der Holzstab zu drehen ist, so ist auch das Mantra ständig zu wiederholen, zuerst laut, dann leise und zuletzt nur noch als stille Geistesregung. Das Denken schweift nicht mehr umher. Das zerstreute Bewusstsein wird konzentriert und nach innen gelenkt. Es sammelt sich und kommt zur Ruhe.

Selbst wenn heute nur noch die wenigsten die Erfahrung des Feuermachens mit zwei Reibhölzern kennen, so lässt sich doch leicht vorstellen, dass der Ungeübte den Holzstab drehen kann, ohne dass Feuer entsteht. So ist es auch möglich, zu meditieren und immer wieder erneut das *Mantra* zu wiederholen - und nichts passiert. Erst nach einer langen und ausdauernden Zeit des Übens, wenn der Stab ganz leicht, gleichsam wie von selbst sich zu drehen beginnt, dann entsteht etwas, was für den Laien kaum nachzuvollziehen ist. Aus zwei Hölzern entsteht Feuer. Und ganz parallel, von der ständigen Wiederholung des *Mantras* gefördert und vorbereitet, ist es möglich, dass auch in der Meditation etwas kaum für möglich Gehaltenes geschieht. Durch die ständige Wiederholung des *Mantras* wird nicht nur die Konzentration des Übenden immer feiner. Auch die Gelassenheit und innere Ruhe nimmt zu. Durch diese Loslösung kann sich dann eine Transparenz des Geistes entwickeln, aus der wie Feuer die Urerfahrung des Yoga hervorbricht. Intuitive Bewusstheit erwacht. Der Durchbruch zur Erfahrung der inneren, göttlichen Mitte wird möglich. Es ist der Funke der Klarheit des Bewusstseins, der Funke der Erleuchtung. Das göttliche Selbst des Menschen bricht auf. Wie das Bild zum Ausdruck bringt, handelt es sich bei der Meditation allerdings um eine Art Feuermachen. Um sich hierbei nicht zu verbrennen, erscheint es somit als unabdingbar, insbesondere bei der Übung der Meditation die nötige Vorsicht walten zu lassen.

Von nun an stand die Meditation im Mittelpunkt der Übungspraxis des Yoga. Als Jahrhunderte später *Patañjali* in seinen *Yoga-Sūtras* die Übungspraxis des Yoga in acht Gliedern systematisierte, stellte er die hier zum ersten Mal durchgeführte philosophische Analyse der Meditation in das Zentrum seines Textes. Meditation besteht nach *Patañjali* aus drei Momenten.

94

Es sind die drei letzten Glieder des achtfachen Pfades. Meditation beginnt zuerst mit *dhāranā,* mit Konzentration. Jede Form der Meditation nimmt mit der Konzentration auf einen Gegenstand ihren Anfang. Ein solcher Meditationsgegenstand kann wie eben erwähnt das *Mantra OM* sein. Die Aktivitäten des Geistes, die im Alltagsbewusstsein sich einmal auf dies und ein andermal auf das ausrichten, werden nun auf diesen einen Gegenstand konzentriert.

Nur sich zu konzentrieren bedeutet jedoch noch lange nicht, zu meditieren. Wichtig ist, dass zweitens *dhyāna* hinzukommt. Durch *dhyāna* wird Meditation erst zur Meditation. In *dhyāna* geht es um das Loslassen, das Geschehenlassen, die Hingabe. Die Konzentration wird gelockert, jedoch nicht dahingehend, dass sich der Geist wieder treiben lässt und so erneut von einem Gegenstand zum nächsten gezogen wird. Im Gegenteil: Meditation meint ein konzentriertes Loslassen, die Verfeinerung der Konzentration. *Dhāranā* und *dhyāna,* Konzentration und Loslösung, gehören zusammen, bilden die zwei Seiten des Meditationsprozesses.

In einem tief greifenden Umwandlungsprozess lösen sich die Verspannungen, Abhängigkeiten oder emotionalen Gebundenheiten auf, so dass eine innere Klarheit entsteht, in der die Erfahrung der inneren Einung aufbricht, im Sanskrit *samādhi* genannt, dem dritten Moment der Meditation.

Was in den *Upaniṣads* mit dem Bild des Feuermachens mit Hölzern anschaulich dargestellt war, das bringt *Patañjali* nun in philosophischer Analyse auf den Begriff. *Patañjali* ging dann jedoch noch einen entscheidenden Schritt weiter. Nach ihm haben auch alle anderen Übungen des Yoga, die in der Zwischenzeit entwickelt wurden, einen inneren Kern der Meditation. Auch das Sitzen kann zur Meditation werden, wenn in meditativer Stabilität und Gelassenheit gesessen wird. Die Atemübungen können als Meditation bezeichnet werden, wenn man in meditativer Bewusstheit atmet. Und auch wenn der Yogī mitten in der Welt handelt oder auch wenn er alle Sinne aus der Welt zurückzieht und sich verinnerlicht, immer geht es darum, die Übung für ihren inneren Kern der Meditation zu öffnen. Das Sitzen, das Atmen, das Handeln in der Welt wie der Rückzug der Sinne aus der Welt und natürlich auch Meditation als geistige Übung, alle diese Übungen des achtfachen Pfades haben Meditation zu ihrem innersten Kern. Yoga ist Meditation. Oder umgekehrt: Erst indem eine Übung als Meditation geübt ist, wird sie zu Yoga. Erst wenn der Übende die beiden Momente *dhāranā* und *dhyāna* verwirklicht, wenn er die Körper- wie auch die Atempraxis in Konzentration und gleichzeitig auch in Gelassenheit übt, dann kann von Yoga gesprochen werden. Erst dann, und nur dann, besteht die Möglichkeit, dass als drittes Moment *samādhi* aufbricht, die Kraft des wahren Selbst, die Erfahrung der Einung in der inneren Mitte.

Mit *Patañjali* war die Grundlage der Philosophie der Meditation gelegt, auf die alle anderen Entwicklungen des Yoga der Folgezeit bis zum heutigen Tag aufbauen konnten. Insbesondere der *Haṭha-Yoga* zeichnet sich dann nicht nur durch die Entwicklung der Meditation mit dem Körper aus, den *āsanas* oder vielfältigen Atemmeditationen, den *prāṇāyāmas*.

Über das *Mantra OM* hinaus finden in der Meditation des *Haṭha-Yoga* auch zahlreiche andere *Mantras* Verwendung. Die Wurzelmantras *lam, vam, ram, yam* und *ham* gehören dabei nur zu den bekanntesten. Zuerst laut rezitiert, dann nur noch geistig wiederholt, fördern sie mit zunehmender Verfeinerung jenes geistige Lauschen auf das Tönen aus der inneren Mitte, auf die Schwingung des inneren Tons ohne Laut.

Typisch für die Meditation des *Haṭha-Yoga* wurde auch das Meditieren mit räumlichen Gegenständen, vor allem mit Konzentrationspunkten innerhalb des Körpers. Ein solcher Konzentrationsgegenstand kann zum Beispiel das Augenbrauenzentrum sein oder verschiedene andere Energiezentren, die entlang der Wirbelsäule liegen. Auch die heute sich immer mehr verbreitende Meditation mit *Maṇḍalas* konnte entstehen. Diese Meditationsformen beginnen mit der Konzentration auf räumliche Bilder oder Gegenstände, um dann den Geist nach innen wendend zu verfeinern und zu öffnen für die Erfahrung des inneren Lichts, das jenseits jeglicher gegenständlicher Vorstellung aufscheint. Gerade durch die Entwicklungen im *Haṭha-Yoga* stehen uns heute eine Vielfalt von Formen der Yoga-Meditation zur Verfügung, die es zu nützen gilt.

Übung

Um zu verstehen, was Meditation ist, erscheint es hilfreich, zwischen zwei Bedeutungen von Meditation zu unterscheiden. Meditation im engeren Sinn meint Meditation als geistige Übung. Meditation im weiteren Sinn weist auf den inneren Kern jeder Yoga-Übung.

Meditation im engeren Sinn markiert in der Geschichte des Yoga den Beginn der Yoga-Praxis. Die erste Yoga-Übung, wie sie in den Upaniṣads beschrieben wurde, ist Meditation als geistige Übung. Im Zentrum stand hier die Meditation mit dem Mantra OM.
Nach den Yoga-Sūtras des Patañjali wird das Verständnis von Meditation erweitert. Neben der Meditation als geistige Übungspraxis ist hier auch die Meditation im weiteren Sinn als ,innerer Kern' jeder Yoga-Übung aufgezeigt. Das was Yoga zu Yoga macht, das wird mit dem Begriff Meditation benannt. So kann auch später im Haṭha-Yoga die Körperpraxis als eine Form der Meditation mit dem Gegenstand des Körpers bezeichnet werden.

Durch die folgende Übung können Sie die Bewusstheit für Meditation als innerem Kern ihrer Übungspraxis fördern.

- *Das erste Moment der Meditation, wie Patañjali sie beschrieben hat, ist dhāraṇā, die Konzentration auf einen Gegenstand. Vergegenwärtigen Sie sich bitte in Ihrer Übungspraxis das Moment von dhāraṇā. Worauf konzentrieren Sie sich, wenn Sie Yoga üben? Ist es der Körper, der Atem, sind es die Sinne, ist es ein Mantra, ein Maṇḍala, eine bestimmte Handlung oder irgendein anderer Gegenstand?*

- *Das zweite Moment der Meditation ist dhyāna, das Loslassen, die Gelassenheit, die Loslösung. Erst durch dhyāna wird Yoga zu Yoga, wird Meditation zu Meditation. Schauen Sie jetzt in Ihrer Übungspraxis, wie sich im Laufe eines beständigen und ausdauernden Übens die Konzentration verändert, wie Sie beginnen, weniger zu machen, wie eine Gelassenheit und Leichtigkeit entsteht und die Übung zu fließen beginnt.*

- *Dhyāna ist die Voraussetzung für samādhi, die Erfahrung der Einung. Spüren Sie in Ihrer Übungspraxis, wie in der Leichtigkeit des Loslassens eine neue Kraft entstehen kann, die Sie nicht machen. Nehmen Sie den Gedanken des ‚Weniger-Machens‘ auf, das ein ‚Mehr-Bekommen‘ fördert. Sie können sich so öffnen für die Erfahrung der Einung, des Lebens aus der inneren Mitte als der großen Perspektive jeder Yoga-Übung.*

12. *Karma-Yoga* - Yoga des Handelns

Über viele Jahrhunderte, noch lange bevor die Körperpraxis des *Haṭha-Yoga* entwickelt worden war, übten die Yogīs, indem sie sich zur Meditation zurückzogen. Unter Yoga verstand man den Rückzug aus der Hektik des Alltags an einen Ort der Stille, um sich hier in der Meditation nach innen zu wenden. Yoga blieb so allerdings ein Weg, den nur die Wenigen gehen konnten, denen die Möglichkeit gegeben war, ein solches Leben der Meditation zu führen. Aber schon *Patañjali* machte deutlich, dass für Yoga der Weg nach innen zwar zentral ist, dass Yoga aber viel mehr bedeutet, als Rückzug von der Welt. Der Weg nach innen führt zu einem neuen, bewussten Handeln mitten in der Welt.

Dass Yoga nicht nur mitten in der Welt gelebt, sondern dass das Handeln selbst zur Übung werden kann, dies zeigt *Karma-Yoga*. Der Sanskrit-Begriff *karma* ist mit Handlung zu übersetzen. *Karma-Yoga* heißt somit wörtlich ‚Yoga des Handelns'. Der *Karma-Yogī* übt nicht, indem er sich in die Stille der Meditation zurückzieht. Sein Übungsgegenstand ist nicht ein *Mantra*, das den Geist nach innen trägt. *Karma-Yoga* meint ein Üben mit dem Übungsgegenstand des Handelns.

Als ältester und bedeutendster Text des *Karma-Yoga* gilt die etwa vor 2000 Jahren entstandene *Bhagavadgītā*. Auch in zahlreichen späteren Schriften wird die Thematik des *Karma-Yoga* immer wieder aufgegriffen. Keine dieser Ausführungen vermochte jedoch die gedankliche Tiefe der *Bhagavadgītā* zu erreichen. Die *Bhagavadgītā* fragt sich nun: wenn Yoga einen

inneren Wandlungsprozess bedeutet, warum sollte dieser innere Wandlungsprozess nur im Rückzug der Meditation
möglich sein? Wenn die Meditation mit einem Mantra übt,
die Atemübung mit dem Atem, warum sollte es nicht möglich
sein, Yoga mit dem Handeln zu üben und Yoga so auch für
breitere Bevölkerungsschichten zu öffnen? *Karma-Yoga*, der
Yoga des Handelns im Alltag war geboren.

Wie aber funktioniert *Karma-Yoga*? *Karma-Yoga* zu üben
heißt, mitten im Alltag zu handeln, ohne an den ‚Früchten der
Handlung' anzuhaften. Was sind die ‚Früchte der Handlung'?
Die Früchte der Handlung sind die Wirkungen der Handlung.
Nun gibt es positive Früchte, positive Wirkungen der Handlung, wie Anerkennung, Belohnung und Erfolg. Die Erfahrung zeigt, dass Handlungen auch negative Wirkungen,
‚faule' Früchte, hervorbringen können: Kritik, Strafe oder
Misserfolg. Wenn wir im Alltagsbewusstsein handeln, versuchen wir möglichst viele positive Früchte zu bewirken und
negative Früchte zu vermeiden. Unser Handeln ist auf die
Ergebnisse ausgerichtet, wir sind an sie gebunden oder, wie
die *Bhagavadgītā* sagt, wir ‚haften' an den Früchten, den
Wirkungen unserer Handlungen. Und wenn wir an den
Früchten unserer Handlungen hängen, ist unser Geist immer
nur auf das Ziel des Erfolges und die Vermeidung von
Misserfolg ausgerichtet und jede Bewusstheit für uns selbst,
für unser wahres Selbst ist verloren.

Karma-Yoga bearbeitet dieses ‚Anhaften' an den Früchten
der Handlung. *Karma-Yoga* zu üben heißt, mitten im Alltag
zu handeln, wie jeder andere Mensch auch. *Karma-Yoga* zu
üben heißt jedoch, dies mit einer veränderten Grundhaltung

zu tun. Die Praxis besteht darin, sich zuerst der eigenen Gebundenheit an die Früchte bewusst zu werden, des Anhaftens an Anerkennung, Belohnung und Erfolg des Handelns. Es ist wichtig, sein Anhaften wahrzunehmen, um sich dann hiervon immer mehr lösen zu können. Es gilt, sich immer weniger von Erfolg oder Misserfolg seines Handelns abhängig zu machen. Wenn die Abhängigkeit abnimmt, wird der Übende in sich ruhen und Stabilität aus der inneren Mitte erfahren. Und wenn die Stabilität aus der inneren Mitte wächst, wird auch die Abhängigkeit von den Früchten des Handelns schwinden. Es geschieht das, was alle Yoga-Wege auszeichnet, was Yoga zu Yoga macht: Es geschieht jener innere Wandlungsprozess der Lösung von der Gebundenheit an die Dinge der Welt, so dass das Bewusstsein für die innere Mitte, das wahre Selbst, entstehen kann.

Karma-Yoga zeigt einen Übungsweg des Yoga, der überall geübt werden kann. Die *Bhagavadgītā* bringt als konkretes Beispiel von *Karma*-Yoga sogar eine der extremsten Situationen, den Krieg. Während traditionell Yoga im Rückzug von der Gesellschaft an einen Ort der Ruhe und des Friedens geübt wurde, so ist jetzt ein Ort beschrieben, den man sich gegensätzlicher kaum vorstellen kann: das Schlachtfeld kurz vor dem Ausbruch der größten Schlacht, die in der indischen Literatur je beschrieben worden ist. Wenn *Karma-Yoga* selbst in solchen Extremsituationen anwendbar wäre, dann ist dieser Übungsweg in allen nur denkbaren Situationen zu üben.

Der Krieger steht nun vor dem großen Kampf und weiß, dass ein Sieg ihm die Früchte von Ruhm, Ehre und Macht einbringen würde, aber auch den schmerzlichen Tod des Gegners verursacht. Nicht zu kämpfen verschont den Gegner, würde aber auch die Macht der gegnerischen Seite überlassen. Sieg und Niederlage, Ehre und Schmach, all das sind jedoch die Früchte des Handelns. Hier *Karma-Yoga* zu üben heißt, das Handeln nicht mehr nach den Früchten auszurichten. Es gilt den Geist im wahren Selbst zu verankern und dann unabhängig von den Früchten Sieg oder Niederlage zu handeln. Sich auf die Gegenwart des wahren Selbst ausrichtend, übt der *Karma-Yogī* die Bewusstheit für das im Augenblick Notwendige.

In der heutigen *Karma-Yoga*-Praxis in den Yoga-Zentren kommen allerdings scheinbar weit geringere Früchte in den Blick: *Karma-Yoga* wird beim Kochen in der Küche, beim Reinigen der Toiletten oder beim Jäten im Garten geübt. Die Früchte des Handelns sind dann das gut schmeckende Essen, die sauberen Toiletten oder der von Unkraut befreite Garten, vielleicht auch ein Lob für die erfolgreich geleistete Arbeit. Das Prinzip bleibt jedoch immer das gleiche: Ob die Früchte Sieg oder Niederlage in einer Schlacht oder eine saubere Toilette heißen, *Karma-Yoga* bedeutet, sich von dem Anhaften an Erfolg oder Misserfolg, von den Früchten des Handelns zu lösen und sich auf unsere wirkliche Aufgabe in diesem Leben zu besinnen, auf das, was wirklich zählt. Was zählt, das ist die Erfahrung der Fülle des Augenblicks, aus der die Bewusstheit für das Notwendige klar wird. Durch die Loslösung von der inneren Gebundenheit an Erfolg oder Misserfolg gilt es alle Kraft und Energie im Tun aus der inneren Mitte des wahren Selbst zu schöpfen.

Übung

Suchen Sie sich nun für die folgende Übung von Karma-Yoga Ihr Übungsfeld in Ihrem Alltag. Sinnvoll ist eine Situation, in der der Erfolg Ihres Handelns noch nicht eingetreten ist, aber doch unmittelbar bevorsteht. Solche Übungsfelder können das Geschirrabwaschen, Reinigen der Wohnung, Unkrautjäten im Garten oder das Anstehen an einer Schlange vor der Kasse am Supermarkt sein. Die Übung des Karma-Yoga erfolgt in drei Schritten:

- *Machen Sie sich zuerst Ihr ‚Anhaften' an die Früchte der Handlung bewusst. Warum handeln Sie? Ist es die Sauberkeit des Geschirrs, der Wohnung oder des Gartens oder das Erreichen der Kasse, ist es materielle Entlohnung oder die Anerkennung des Erfolges? Körper und Geist sind getrennt. Während Ihr Körper in der Gegenwart handelt, ist Ihr Geist auf die zukünftigen Früchte des Handelns ausgerichtet.*

- *Holen Sie dann zweitens den Geist zurück von der Erwartung des zukünftigen Erfolgs in die Gegenwart Ihres jetzigen Tuns. Versuchen Sie, bei der Durchführung der Handlung nicht mehr an die ‚Frucht' zu denken, sondern werden sie ganz gegenwärtig. Nehmen Sie die Haltung eines Beobachters ein, der beobachtet, wie Sie ganz bewusst im Hier und Jetzt das Geschirr abwaschen, die Wohnung reinigen, den Garten jäten oder an der Kasse anstehen. Das konkrete Handeln wird zum Gegenstand der Meditation. Jedes Mal, wenn Ihr Geist abschweift, wenn er dem Anhaften an die Frucht des Handelns nachgibt und sich auf den Erfolg ausrichtet, kehren Sie wieder zurück in die Gegenwart des Handelns im Hier und Jetzt.*

• *Versuchen Sie in einem dritten Schritt die Gegenwart im Hier und Jetzt zu genießen, die Präsenz des ‚Ohne-Erwartung-Seins', die Stabilität der inneren Ruhe im Handeln, die Bewusstheit für das Notwendige, die sich bei längerem Üben von Karma-Yoga einstellt.*

Wenn Sie es schaffen, in leichteren Situationen Karma-Yoga zu üben, suchen Sie dann einen Bereich, in welchem es Ihnen schwerer fällt, das Anhaften an die Früchte des Handelns zu lösen und die Achtsamkeit für die Gegenwart des Hier und Jetzt zu leben.

IV. Die großen Themen

13. Yoga-Erfahrungen

Zu Beginn der Yoga-Praxis ist man meist damit zufrieden, wenn sich die Rückenschmerzen bessern, wenn man nachts besser einschlafen kann oder wenn der eigene Körper flexibler und gelenkiger wird. Manche sagen, wirkliche Erfahrungen des Yoga bestehen in außergewöhnlichen Erlebnissen wie Visionen, Glückseligkeitserfahrungen oder im Verlassen des Körpers. Andere Yogīs beschreiben wiederum Zustände reiner Versenkung, jenseits von Raum und Zeit. Die philosophischen Texte sprechen dagegen von Erfahrungen der Einung mit dem Absoluten oder vom bewussten Leben aus der inneren Mitte oder vom wahren Selbst. Welche dieser vielfältigen Möglichkeiten des Erfahrens darf als yogisch bezeichnet werden? Ist es nur eine, sind es mehrere oder gar alle?

Eine große Hilfe, um Yoga-Erfahrungen beurteilen zu können, ist, sie zunächst in vier verschiedene Kategorien einzuteilen. In die erste Kategorie fallen alle von außen bewirkten Erfahrungen. Diese Erfahrungen stellen sich zumeist auch als erste ein, wenn körperliche oder psychische Beschwerden nachlassen und Rückenschmerzen, Kopfschmerzen oder Schlafstörungen verschwinden. Der Atem beruhigt sich und wird feiner. Die körperlichen Funktionen erlangen durch die Übung immer mehr Stabilität. Ein großartiger Anfang. Aber nur ein Anfang. Diese ersten Erfahrungen sind wichtig, sie zeigen jedoch nur die

Oberfläche der Möglichkeiten des Yoga. Yoga verbleibt auf der Ebene der Anwendung einer durchaus sehr hilfreichen Technik. Die Übungen setzen von außen bestimmte Reize, die die gewünschten positiven Wirkungen hervorbringen. Selbst ein perfekt ausgeführter Kopfstand setzt nur diesen äußeren Reiz. Das Charakteristische dieser von außen bewirkten Erfahrungen ist dies, dass die Erfahrung aufhört, wenn man mit dem Üben aufhört. Die Rückkehr der Rückenschmerzen und Schlafstörungen wird nicht lange auf sich warten lassen.

Es ist jedoch durchaus möglich, dass sich die Yoga-Praxis weiter entwickelt und der Durchbruch in eine neue Dimension von Yoga-Erfahrungen geschieht, die in eine zweite Kategorie eingeordnet werden können. Wenn bisher galt, dass durch mehr Üben auch mehr erreicht werden kann, so ist dies jetzt nicht mehr zwangsläufig so. Die Erfahrungen entstehen hier gerade durch ein ‚Weniger-Machen'. Es handelt sich jedoch um ein ganz besonderes ‚Weniger-Machen'. Der Übende macht in seiner Übung weniger und ermöglicht so, einen Transformationsprozess geschehen zu lassen, einen Prozess innerer Wandlung, in dem eine ganz neue Kraft zu tragen beginnt. Es geht um die Erfahrung der Kraft in der Leichtigkeit, um ein Fließenlassen, um die Erfahrung von innerer Stabilität und einem inneren Getragenwerden.

Dieser Prozess der Transformation geschieht manchmal auch in einem Umbruch, in dem ganz plötzlich auch heftige Energien freigesetzt werden. Spontane Muskelzuckungen sind möglich. Glücksgefühle oder Licht- und Tonerscheinungen überströmen den Übenden. Wenn sich die Bewusstseinsschichten immer mehr lockern, geschehen bei manchen auch außergewöhnliche Erfahrungen wie Visionen oder das Verlassen des Körpers. Es handelt sich um Erfahrungen, die auch außerhalb des Übungsweges bei besonders medial begabten Menschen vorkommen, bei solchen Personen, die von vorneherein eine besondere Durchlässigkeit für so genannte feinstoffliche Seins- und Erkenntnisdimensionen besitzen. Diese außergewöhnlichen Erfahrungen sind nicht immer ungefährlich. In ihnen steckt die große Gefahr einer neuen Abhängigkeit, wenn Yogīs diese Erfahrungen zur Schau stellen und ein Wettkampf um die spektakulärste Erfahrung entbrennt. Außergewöhnliche Erfahrungen können geschehen, müssen jedoch nicht. Sie sind nur eine Art Nebenprodukt auf dem Weg des Yoga. Entscheidend für diese zweite Kategorie ist die Erfahrung des immer ‚Weniger-Machens', um sich immer mehr tragen zu lassen. Die Erfahrung der zweiten Dimension wird nicht durch die Yoga-Technik hergestellt, sondern nur durch sie gefördert, um dann gleichsam, ohne Zutun, von selbst hervorzubrechen.

Wenn die zweite Kategorie durch ein ‚Weniger-Machen' charakterisiert ist, das ein ‚Mehr-Bekommen' fördert, so heißt es in der dritten Kategorie, ‚nichts machen' und dafür ‚alles bekommen'. In der *Haṭha-Yoga-Pradīpikā*, einer der bedeutendsten Texte des *Haṭha-Yoga*, heißt es hierzu:

So wie sich Kampfer im Feuer oder Salz im Wasser auflöst,
so löst sich auch das Denken auf, wenn es sich auf das wahre
Wesen richtet.
(Haṭha-Yoga-Pradīpikā 4.59)

Alles Machen hört auf und auch alles Denken. Alles Machen und alles Denken lösen sich wie Kampfer im Feuer oder Salz

109

im Wasser auf, so dass hiervon nichts mehr übrig bleibt. Es geschieht nur noch Leben, wahres Leben, wahres Leben aus der inneren Mitte. Jegliche Gebundenheit an Verspannungen in Körper und Geist, aber auch an Gedanken, Gefühle, Begierden und Glaubensformen, lösen sich auf. Indem die Regungen des Geistes zur Ruhe kommen entsteht die Erfahrung innerer Stabilität. Es entsteht tiefe Gelassenheit und die Bewusstheit für unser wahres Wesen, dafür, was wir ursprünglich und eigentlich sind.

Zahlreiche Begriffe wurden gefunden, um diese dritte Dimension der Yoga-Erfahrung zu benennen. Es ist von *samādhi* die Rede, mit ‚Einung' oder ‚Versenkung' zu übersetzen, oder von *kaivalya*, der ‚vollkommenen Loslösung'. Wie Kampfer im Feuer oder Salz im Wasser sich auflöst, so lösen sich allerdings auch diese Begriffe auf. Es geht um ein Erfahren, dass letztlich mit keinem Begriff erfasst werden kann. Die Yoga-Erfahrungen dieser dritten Kategorie bilden das innere, unsagbare Wesen der Yoga-Übung. Und doch ist hier noch nicht das Ende des Yoga-Weges erreicht.

Bisher ging es um Erfahrungen innerhalb der Yoga-Übungspraxis. Die vierte Kategorie weist über die Übung hinaus. Die vierte Kategorie der Erfahrung hat das Potential, das Leben des Übenden von Grund auf zu verwandeln. Die vierte Kategorie bedeutet die Erfahrung der ‚Einung' oder der ‚vollkommenen Loslösung' auch mitten im Trubel des Alltags. Es ist für die meisten leichter, die innere Stabilität der yogischen Gelassenheit im Rückzug aus der Hektik zu erfahren. Aus diesen Gründen gehören yogischen Übungen der Zurückgezogenheit zur allgemeinen Praxis. Viele Texte und Schulen warnen jedoch vor einem Stehenbleiben in der Zurückgezogenheit von der Welt. Die Gelassenheit der Übung wird vertieft, wenn sie mitten im Trubel des Alltags gelebt werden kann und dort Bestand hat. Es geht darum, den konkreten Alltag mit dem Geist ursprünglicher Lebendigkeit zu erfüllen.

Wenn die Vielfalt der Yoga-Erfahrungen so in vier aufeinander folgenden Kategorien geordnet wurde, so heißt dies jedoch noch lange nicht, dass wir uns in eine dieser Kategorien einordnen sollten, um zu sehen, wie weit wir auf dem Weg des Yoga gekommen sind. Es ist nicht möglich, einen Menschen auf einen Punkt des Yoga-Weges festzulegen. In bestimmten Bereichen kann der Übende sich für ein tiefes, yogisches Erfahren geöffnet haben, während auf der anderen Seite manche Gebundenheit noch nicht zur Auflösung gebracht ist. Die hier aufgezeigte Systematisierung yogischer Erfahrung ist zu grob, als dass sie der Vielschichtigkeit des Yoga-Weges gerecht werden könnte. Wie Kampfer im Feuer und Salz sich im Wasser auflöst, so lösen sich auch alle Kategorisierungen auf, wenn es um Yoga als einen konkreten Erfahrungsweg geht. Die genannten vier Kategorien zeigen aber durchaus nützliche Landkarten der Yoga-Erfahrung, die die Richtung weisen und Hinweise geben, wo wir zu suchen haben.

Übung

Die vier Kategorien können helfen, die eigenen Yoga-Erfahrungen besser verstehen zu lernen.

Überlegen Sie in einem ersten Schritt der folgenden Übung:

* *Welche Erfahrungen haben Sie auf Ihrem Yoga-Weg bisher gemacht?*

Nehmen Sie dann ein Blatt und einen Stift zur Hand und schreiben Sie Stichworte zu diesen Erfahrungen auf.

Erst dann versuchen Sie bitte in einem zweiten Schritt, die Erfahrungen nach den vier Kategorien zu ordnen.

* *Welche Erfahrungen gehören in die erste Kategorie der von außen durch die Technik der Yoga-Übung bewirkten Erfahrungen?*
* *Welche Erfahrungen gehören in die zweite Kategorie, des ‚Weniger-Machens' und dafür ‚Mehr-Bekommens', des Flusses, der Kraft in der Leichtigkeit oder des hier auch zu findenden Nebenproduktes der außergewöhnlichen Erfahrungen?*
* *Welche Erfahrungen sind der dritten Kategorie zuzuordnen, wo sich alles Machen und alles Denken wie Salz im Wasser aufgelöst haben, wo wir in tiefer Gelassenheit nichts mehr machen und dafür alles, das heißt unser wahres Wesen, erfahren?*

- *Und inwieweit hat sich für Sie die vierte Dimension des Weges ge-öffnet, wo es möglich ist, die Tiefe der Gelassenheit nicht nur in der Zurückgezogenheit, sondern inmitten des Trubels unseres Alltags zu erfahren?*

Machen Sie sich bewusst, dass solche Kategorisierungen zwar hilfreich sein können. Der Weg des Yoga besteht jedoch nicht im Kategorisieren, sondern in der konkreten, gelebten Praxis, die sich letztlich all unseren Versuchen der Einordnung und Festlegung entzieht.

14. Der Meister und *Guru*

Ist es notwendig, bei einem Meister des Yoga in die Schulung zu gehen? Die Möglichkeiten, Yoga zu erlernen, sind heute breit gestreut. Zahlreiche Bücher, DVDs und CDs ermöglichen es, ohne Lehrer zu Hause Yoga zu üben. Viele Institutionen bieten Yoga-Kurse an. Blickt man auf die Tradition Indiens, so war der persönliche Yoga-Unterricht vorherrschend, geprägt von dem engen Verhältnis zwischen dem *Guru* genannten Meister und seinem Schüler. Der Meister nahm die von ihm angenommenen Schüler für die Zeit des Lernens in seinen *Ashram*, sein Yoga-Zentrum oder sogar in seine Familie auf. Die enge Beziehung zwischen Meister und Schüler bildete dabei auch die zentrale Stütze der Überlieferung des Yoga. Lehrtexte und Übungsanweisungen wurden vom Lehrer an die Schüler lange Zeit ausschließlich mündlich übermittelt. Es entstanden Überlieferungslinien, durch die Yoga ohne jegliches schriftliches Zeugnis nicht nur über Generationen, sondern über Jahrhunderte hinweg vom Meister auf den Schüler und von diesem wieder auf seine Schüler tradiert wurde.

Die Notwendigkeit eines Meisters musste im alten Indien gar nicht betont werden. Wenn man Yoga erlernen wollte, so gab es nur die Möglichkeit, bei einem Meister des Yoga in die Schulung zu gehen. Der Meister und *Guru* erfüllte darüber hinaus auch eine wichtige Funktion, indem er dem Schüler Halt und Sicherheit gab. Der Schüler konnte sich in den Wirren des Alltags auf seinen Meister stützen, mit der Gewissheit, bei ihm die Wahrheit des Yoga zu finden. Das Bewusstsein, von einem Meister unterrichtet zu werden, der in einer langen Tradition stand und durch eine lange Überlieferungslinie auch mit den großen Yoga-Meistern der Vergangenheit in Verbindung stand, gab dem Schüler die Gewissheit, auf dem richtigen Weg zu sein. Ein Meister vermittelte dem Suchenden die Zuversicht, auf dem Weg des Yoga gut und richtig geleitet zu werden.

Mit der engen Meister-Schüler-Beziehung ist die Lehrpraxis des alten Indien beschrieben. Heute hat sich in Indien, besonders jedoch in den Ländern des Westens, vieles geändert. In der westlichen Kultur wird allein schon dem Begriff *Guru* als Meister des Yoga zumeist ein negatives Image beigemessen. Die strenge Unterwerfung unter einen Meister entspricht im westlichen Kulturkreis nicht dem Ideal des modernen, mündigen Menschen, der über sein Leben selbst bestimmen will. Auch geht im Pluralismus der Gegenwart der Glaube immer mehr verloren, dass es nur einen einzigen Weg der Wahrheit gibt. Da Yoga heute auch außerhalb der Überlieferungslinien erlernt werden kann, ist es überdies gar nicht mehr notwendig, sich in nur eine Yogatradition einzuordnen. Nicht selten werden sogar außerhalb des Yoga stehende Wege, von buddhistischer Meditation bis zur Progressiven Muskelentspannung, mit in die eigene Yoga-Praxis integriert. Die Kompetenz des Meisters und *Gurus*, der festlegt, was der Schüler zu lernen hat, wird verlagert auf den selbstbestimmten Schüler, der sich aus dem heute so vielfältigen Angebot der Yoga-Wege das heraussucht, was seinen persönlichen Bedürfnissen am meisten entspricht. Der Halt, den die Ausrichtung auf den einen Meister und die eine wahre Tradition gab, wird ersetzt durch den Halt, den der moderne Mensch sich selbst gibt, im Bewusstsein, dass er über sein Leben selbst bestimmen kann.

Welches ist nun der bessere Weg, um Yoga zu erlernen? Entspricht es dem Yoga mehr, sich einem *Guru* oder einer Tradition unterzuordnen, um so von einem wahren Meister den einen wahren Yoga zu erlernen? Oder sollte man mehr dem modernen Ideal des mündigen Menschen folgen, der sein Leben selbst in die Hand nimmt, sich das Gute von vielen Meistern herausnimmt und das Schlechte liegen lässt? Der Meister oder wir selbst, wer sollte bestimmen?

Die Antwort im Sinne des Yoga lautet: Weder der Meister noch wir selbst. Mit Sicherheit ist ein Lehrer oder eine Lehrerin des Yoga wichtig. Nur aus Büchern Yoga zu erlernen ist schwierig und mitunter sogar gefährlich. Es ist gerade ein Lehrer, der auf Fehlhaltungen und Fehlentwicklungen aufmerksam machen kann und wichtige Hilfestellung gibt. Eine gute Yoga-Praxis lebt jedoch auch von der Eigeninitiative der Übenden, von dem kritischen Suchen nach dem eigenen Weg, welcher für einen selbst gut und richtig ist. Für die einen ist mehr die Bindung an den Lehrer oder gar Meister wichtig, um so Halt auf dem Weg des Yoga und wichtige persönliche Wegweisung zu gewinnen. Für die anderen ist es besser, selbst zu bestimmen und eigenverantwortlich Yoga zu üben. Der Meister und die Eigenverantwortung stellen keine Alternativen dar. Sie sind Mittel für etwas Höheres, für das, worum es im Yoga eigentlich und ursprünglich geht.

Patañjali, der Autor der *Yoga-Sūtras*, hat schon vor 2000 Jahren den Weg zu dem *Guru* aller *Gurus* gewiesen, zum Meister aller Meister. Es geht um den Meister in uns selbst, um dessen Erwachen sich alle äußeren Meister des Yoga bemühen sollten. Dieser wahre Meister in uns darf nicht mit unserem alltäglichen Ich verwechselt werden, das immer wieder versucht, sein Leben in die Hand zu nehmen und selbstbestimmt zu handeln. Dieser wahre Meister liegt tief in uns verborgen, ist unser wahres Selbst, das in den Tiefen unserer eigenen Existenz erfahren wird.

Dieser *Guru* aller *Gurus* wurde seit alters her mit dem Sanskrit-Begriff *antaryāmin* bezeichnet, dem ‚inneren Lenker'. Wenn das Bewusstsein klar geworden ist und der Übende Sicherheit erlangt, dann benötigt er nicht mehr den Halt von außen, sei es durch den äußeren Meister oder durch sein ‚Ich'. Führung erfährt der Schüler dann von innen, vom inneren Lenker als der Stimme des wahren Selbst. In der Aufdeckung des wahren *Gurus* in sich selbst liegt die Essenz aller Yoga-Praxis, sowohl in der traditionellen Meister-Schüler-Bindung als auch im mündigen Lernen der Gegenwart.

Nach einem alten Bild ist der Yoga-Weg mit dem Durchschreiten eines Tores zu vergleichen. Für die einen bildet der Meister das Tor, durch das der Schüler zu gehen hat, wenn er zu sich selbst gelangen will. Die große Gefahr besteht jedoch darin, nicht durch dieses Tor hindurchzuschreiten, sondern vor ihm stehen zu bleiben, um sich am Tor festzuklammern oder es gar zu verehren. Das Festhalten am Meister gibt zwar Halt und Sicherheit. Es verhindert jedoch auch das Wachsen auf dem selbst zu gehenden Yoga-Weg.

Für den modernen Menschen bildet nicht der Meister das Tor, sondern sein eigenes Ich. Vermeintlich mündig bestimmt der Schüler selbst, welchen Weg er gehen will und welchen nicht. *Ich* selbst bin das Tor, an dem *ich* festhalte. Aber auch hier gilt es, durch das Tor meines eigenen Ichs hindurchzugehen. Sicher gelingt dies nicht nach einem einzigen Yogakurs. Immer wieder erscheint es auch hilfreich, sich an einem solchen Tor festhalten zu können, Sicherheit zu finden und dann erst weiter zu gehen. Wachsen im Yoga heißt jedoch, sich selbst zu verändern, von allem Festhalten an Meistern oder auch an sich selbst loszulassen, um wach zu werden für das, was wirklich trägt, für den inneren Lenker als den wahren Meister und *Guru*.

Übung

Auf dem Weg des Yoga zu sein heißt, ein Tor gefunden zu haben, das unserem Leben Richtung gibt. Vergegenwärtigen Sie sich in der folgenden Übung, wo Sie selbst stehen. Was ist Ihr Tor des Yoga?

- *Ist ein Lehrer oder gar ein Meister Ihr Tor, der Ihnen sagt, wie Sie üben können? Vergegenwärtigen Sie sich, wie hilfreich es sein kann, einen solchen Lehrer gefunden zu haben, der Ihnen das Tor zum Yoga zeigt.*

- *Oder sehen Sie sich eher als modernen, mündigen Menschen, der das von Lehrern und Meistern übernimmt, was er als gut und richtig ansieht, und alles andere beiseite lässt. Vergegenwärtigen Sie sich, wie hilfreich es sein kann, das Tor zum Yoga selbst zu suchen und den Weg selbst bestimmt zu gehen.*

Nach dem alten Bild vom Yoga-Weg als Durchgang durch ein Tor sind beide Wege vollkommen gleichberechtigt. Beide Wege zeigen Tore, das heißt, sie zeigen uns die Richtung, die unser Leben nehmen kann. Warum sollten wir es uns nicht gönnen, an unserem Tor, das wir gefunden haben und das uns Richtung weist, auch festzuhalten?

Der tiefere Sinn des Yoga besteht jedoch nicht im Festhalten, sondern im Hindurchgehen durch das Tor, indem wir wachsen und uns selbst verwandeln.

- *Fragen Sie sich, wo Sie stehen im Hindurchgehen durch das Tor des Meisters oder durch das Tor des selbstbestimmten Lebens.*

- *Machen Sie sich bewusst, dass sowohl der Meister als auch wir selbst Tore sind. Tore sind wichtig. Tore zeigen, wo der Eingang ist. Tore sind jedoch da, um durch sie hindurchzugehen.*

Lassen Sie sich Zeit zu überlegen, wo es für Sie wichtig ist, festzuhalten, um nicht den Boden unter den Füßen zu verlieren oder ins Wanken zu geraten. Verlieren Sie jedoch auch nicht aus dem Blick, dass Yoga bedeutet, vom Lehrer und Meister, aber auch von sich selbst loszulassen. Yoga heißt Hindurchgehen durch Ihr Tor, um zu Ihrer Mitte zu finden und aus dieser inneren Mitte neuen Halt zu gewinnen, um wach zu werden für unseren inneren Lenker, den Meister aller Meister.

15. Yoga und Religion

Yoga wird in den westlichen Ländern zumeist als Praxis zur Gesunderhaltung von Körper und Geist gelehrt. Viele weisen einen möglichen Verdacht, Yoga hätte etwas mit Religion zu tun, vehement zurück. Der Blick in die indische Tradition zeigt allerdings, dass schon die ältesten Texte des Yoga, die *Upanisads*, als religiöse Texte verehrt werden. Die *Bhagavadgītā*, eines der wichtigsten Bücher des Yoga, gilt sogar als die ‚Bibel' der Hindus. Auch ist zu beobachten, dass selbst heute in Indien immer wieder vor der Yoga-Stunde ein Gebet gesprochen wird. Oft wird auch ein spezifisch religiöser Yoga geübt, *Bhakti-Yoga*, der ‚Yoga der religiösen Hingabe'. Wie ist der Zusammenhang zwischen Yoga und Religion zu verstehen? Um diese Frage fundiert beantworten zu können, gilt es zuerst das Phänomen Religion grundsätzlich zu klären. Was verstehen wir unter Religion? Vier zentrale Momente sind zu nennen, die jede Religion aufweist. An diesen vier Momenten kann klar aufgezeigt werden, wie Yoga und Religion sich einerseits grundsätzlich unterscheiden und wie beide andererseits doch auch in einem engen Zusammenhang stehen.

Erstens ist in jeder Religion der *Glauben an Gott* zu finden. Manche glauben an Gott als eine uns gegenüberstehende Person. Andere sehen in Gott eine unpersönliche Kraft oder ein eher abstraktes Prinzip. Die einen stellen sich Gott männlich vor, andere weiblich und wieder andere glauben, dass er beide Geschlechter umfasst oder mit unseren Vorstellungen von Geschlecht gar nicht zu erfassen ist. Die monotheistischen

Religionen wie das Judentum, das Christentum und der Islam gehen von ‚einem' Gott aus. Die asiatischen Religionen wie der Hinduismus, der Buddhismus oder der Daoismus kennen auch ‚viele' Götter. Immer geht es jedoch um den Glauben an eine über den Menschen stehende Macht, auf die diese Welt beruht oder von wo aus sie gelenkt wird.

Muss man nun, wenn man Yoga übt, beginnen an Gott zu glauben, vielleicht sogar an die hinduistischen Götter? Sicher ist, dass Yoga Religion nicht ausschließt, denn in Indien üben Hindus Yoga, wie es im Westen auch Christen gibt, die sich dem Yoga verschrieben haben. So ist es zu erklären, dass ein Hindu zu Beginn seiner Praxis beten kann, um von den Göttern Hilfe für sein Üben zu erbitten. Deswegen wird Yoga jedoch noch lange nicht zur Religion. Man kann, aber muss nicht beten oder an Gott glauben, um Yoga üben zu können.

Festzustellen ist jedoch, dass sich bei religiösen Menschen der Glaube an Gott oft verändert, wenn Sie über längere Zeit einen Yoga-Weg gehen. Manche, die glaubten, Religion schon längst hinter sich gelassen zu haben, berichten, dass sie durch die Erfahrungen in ihrer Yoga-Praxis den ursprünglichen Wert von Religion neu entdecken konnten. Der Glaube, den diese Menschen durch den Yoga wieder finden, ist aber ein anderer, ein gewandelter Glaube. Yoga bedeutet, einen Erfahrungsweg zu gehen, und so wird auch Religion für den religiösen Menschen zu einem Weg der Erfahrung. Der Glaube an einen fernen, jenseitigen Gott wandelt sich zur Erfahrung des konkreten Getragenwerdens von einer größeren, umfassenderen Dimension. Es wachsen die Erfahrungen, dass das Entscheidende in unserem Leben nicht zu ‚machen' ist. Yogīs erfahren, dass wir das Entscheidende gleichsam ‚geschenkt' bekommen. Yoga führt den Übenden zur Erfahrung der inneren Mitte, zur Erfahrung des Grundes der eigenen Existenz, der von religiösen Menschen als der göttliche Wesenskern des Menschen verstanden wird. Es besteht zwar keine Notwendigkeit, diese Erfahrung religiös zu interpretieren oder sie mit Religion in Verbindung zu bringen. Religiöse Menschen tun dies jedoch und interpretieren die Yoga-Erfahrung als Erfahrung der göttlichen Wirklichkeit, als ursprüngliche Form religiösen Lebens.

Religion besteht jedoch nicht nur aus dem *Glauben an Gott.* Als zweites Moment aller Religionen ist der *Glaube an religiöse Lehren* zu nennen. Alle Religionen geben in Lehren Antworten auf die zentralen Fragen des Menschseins: So entstanden in den Religionen Schöpfungslehren, Wiedergeburtslehren, Lehren vom Leben nach dem Tode oder von einem letzten Gericht. Immer geht es um die zentralen Fragen: Woher komme ich? Wer bin ich? Wohin gehe ich? Auch im Yoga gibt es Lehren. Zum Teil wurde auch manche religiöse Lehre in die Textbücher des Yoga integriert. Alle Lehren, religiöse Lehren oder auch andere, bilden jedoch nur den Anfang, den Einstieg für den Weg des Yoga. Man könnte auch sagen, Lehren sind so etwas wie die Oberfläche, die äußere Schale für den inneren Kern des Yoga, den eigentlichen Sinn des Yoga. Yoga will viel mehr, als dass dies überhaupt mit einer Lehre erfasst werden könnte. Die grundlegenden Fragen des Menschseins werden im Yoga nicht durch eine Lehre beantwortet, an die zu glauben wäre. Yoga ist ein Weg des Wandels und der Transformation, durch die wir konkret erfahren, woher wir kommen, wer wir sind und wohin wir gehen. Am Anfang mögen die religiösen Lehren, wie auch andere Lehren, für manche Übende wichtig sein. Wenn das Wachsen in der Yoga-Praxis zur Erfahrung der inneren Frucht des Yoga geführt hat, dann erscheinen sie jedoch nur noch als äußere Schale, die die innere Frucht lebendiger Erfahrung umhüllt.

Wir kommen zum dritten Moment der Religionen, dem *Glauben an Gebote,* die das Handeln in der Welt regeln. Viele Gebote in den einzelnen Religionen gleichen sich. Andere sind wiederum verschieden. Immer geht es jedoch darum, mit Geboten das zu bestimmen, was gutes Handeln ist und das zu verbieten, was als schlechtes Handeln angesehen wird. Oft wird für das Befolgen der Gebote eine Belohnung und für ihr Missachten eine Bestrafung in Aussicht gestellt. Ein hinduistischer Yogī wird sich an die Gebote des Hinduismus halten, ein christlicher Yogī an die des Christentums, ein atheistischer Yogī vielleicht an selbst gemachte Gebote oder nur an die Straßenverkehrsordnung. Es ist aber auch festzustellen, dass in den yogischen Gemeinschaften selbst im Westen oft Verhaltensnormen gelten, die aus der hinduistischen Tradition stammen, vom vegetarischen Essen bis zum Ausziehen der Schuhe vor dem Betreten des Übungsraumes. Für die Gebote des Handelns gilt jedoch das Gleiche wie für die religiösen Lehren. Sie bilden nur den Anfang, den Einstieg, die äußere Schale des Yoga. Gebote geben demjenigen Halt und Sicherheit, der noch nicht zur inneren Einsicht vorgedrungen ist. Mit dem Wachsen der Einsicht in den tieferen Sinn des Yoga beginnt sich für den religiösen Menschen der Umgang mit den ihm in seiner jeweiligen Religion vorgegebenen Geboten zu wandeln. Der Übende beginnt eine tiefere Einsicht dafür zu entwickeln, was gutes und was schlechtes Handeln ist. Das Wachsen in der Yoga-Erfahrung wird auch dazu führen, die innere Stärke zu entwickeln, um das zu leben und zu verwirklichen, was aus der Tiefe der eigenen Existenz als gut erfahren wurde.

Als letztes der vier Momente von Religion ist die *Praxis der Rituale und des Kultes* zu nennen. In Opfern, Gebeten oder Kulten finden die Religionen ihren rituellen Ausdruck. Und auch hier gilt. Wenn in Indien in zahlreichen Ashrams nicht nur die *āsana*-Praxis geübt wird, sondern auch der religiöse Kult der Anbetung der Götter einen festen Ort hat, bildet diese Anbetung nur den Anfang, den Einstieg, die äußere Schale des Yoga. Die Anbetung der Götter wird sich verändern, wenn das Göttliche nicht nur im Himmel, sondern als der innerste Wesensgrund des Menschen erfahren wird. Anbetung und Kult können für den religiösen Menschen selbst zur Übungspraxis werden. Der Kult wird zur Übung, zu einem Übungsweg des Yoga, zu *Bhakti-Yoga*, zum ‚Yoga der religiösen Hingabe an Gott'. Das zu Beginn äußerlich vollzogene Opfer an die Götter wird im Yoga zur Übung für einen inneren Wandel, zu einer inneren Hingabe, zur Übung eines inneren Opfers, das den Übenden für die Gotteserfahrung öffnet. Auch das mit Worten gesprochene Gebet wandelt sich zum Schweigen und wird letztlich zu einem Hören, mehr noch zu einem Lauschen auf das oder den, was uns wirklich trägt.

Wenn die einen sagen, Yoga habe mit Religion nichts zu tun, und die anderen betonen, Yoga eröffne das innere Leben und die Tiefe von Religion, so ist beiden Recht zu geben. Yoga meint einen Weg des Wandels und des Wachsens zu einer inneren Tiefe und zur Erfahrung unseres ursprünglichen Lebens. In den Traditionen Indiens wurde dieser Weg religiös oder auch nicht-religiös verstanden. Wichtige religiöse Texte des Hinduismus wie die *Upaniṣads* oder die *Bhagavadgītā* geben Zeugnis von dieser religiös interpretierten Ur-Erfahrung des Yoga. Die *Yoga-Sūtras* des *Patañjali* weisen dagegen einen von Religion unabhängigen Weg.

Ob der Weg des Yoga religiös verstanden wird oder nicht, spielt letztlich keine Rolle. In Anlehnung an ein Gleichnis des großen indischen Heiligen *Rāmakrishna* können die verschiedenen Wege des Yoga, seien sie nun religiös oder nicht-religiös verstanden, mit den Wegen auf das Dach eines Hauses verglichen werden. Man kann das Dach eines Hauses auf Steintreppen erreichen oder auf Holztreppen oder auf einer Bambustreppe oder mit Hilfe eines Seils. Man kann klettern oder auch eine Bambusstange benutzen. Wie es die verschiedensten Aufgänge gibt, so existieren, neben den Religionen, auch nicht religiöse Wege. Zentral ist, sich nicht im Erdgeschoss seines Lebens in Abhängigkeit und Unbewusstheit häuslich einzurichten, sondern einen Weg des Wandels und der Transformation zu gehen, der auf das Dach des Hauses führt, wo sich die religiösen und auch die nicht religiösen Menschen treffen. Zentral ist nicht nur glaubend für wahr zu halten, dass es ein Dach gibt, sondern selbst sein volles Potential auszuschöpfen und zu wachsen, sich zu öffnen und zu erfahren, was wirklich trägt in diesem Leben.

Übung

Für die folgende Übung stellen Sie sich vor, Sie leben in einem Zimmer im Erdgeschoss eines Hauses, das mit einem Aufgang zum Dach ausgestattet ist.

- *Sehen Sie religiöse ,Möbel'?*
- *Ist der Glaube an eine göttliche Macht für Sie wichtig?*
- *Geben Ihnen religiöse Lehren Halt und Sicherheit?*
- *Glauben Sie an religiöse Gebote?*
- *Üben Sie eine religiöse Praxis aus wie Gebet oder Ritual?*
- *Oder leben Sie in einem nicht religiösen Zimmer, glauben nicht an Gott und sind eher weltlich orientiert?*
- *Wie haben Sie sich in dem Zimmer Ihres Lebens eingerichtet?*

Wenn Sie Yoga üben und dies mit Hingabe und Ausdauer tun, dann wird sich Ihr Leben verändern. Der Weg des Yoga kommt dem Aufstieg auf das Dach des Hauses gleich. Je nachdem, von wo aus Sie den Aufstieg beginnen, wird der Aufgang anders gestaltet sein.

Alle Aufstiege haben jedoch eines gemeinsam. Sie verändern unser Leben. Das Zimmer unseres Lebens erscheint mit dem Aufstieg allerdings aus einer anderen Perspektive. Je mehr wir inneren Halt gewinnen, desto weniger sind wir abhängig von den religiösen oder auch nichtreligiösen Einrichtungsgegenständen unseres Zimmers, die wir lange Zeit vielleicht für die einzig mögliche Wahrheit gehalten haben.

Für den Yoga ist es nicht wichtig, wie wir das Zimmer unseres Lebens eingerichtet haben, das heißt, ob wir religiös oder nichtreligiös leben. Für den Yoga ist es wichtig, ob wir den Aufgang zum Dach gefunden haben und ob wir diesen Aufgang, einmal gefunden, auch tatsächlich nutzen.

Und vielleicht werden wir einmal sogar auf das Dach gelangt sein und erkennen, was uns Menschen im Innersten unserer Existenz verbindet, egal, ob wir Hindus, Buddhisten, Daoisten, Juden, Muslime, Christen oder Atheisten sind, unabhängig davon, ob wir uns als religiös oder als nicht religiös bezeichnen.

16. *Karma*-Lehre und Wiedergeburt

Parallel zur Frage nach Yoga und Religion werden in yogischen Kreisen auch andere Fragen diskutiert, die eng mit dem Ursprung des Yoga in der hinduistischen Religionswelt zusammenhängen. ‚Ist Yoga notwendig mit der *Karma*-Lehre verbunden?' oder: ‚Muss man an Wiedergeburt glauben, wenn man Yoga übt?' Manchmal wird dabei die *Karma*-Lehre mit *Karma-Yoga* verwechselt, dem yogische Üben mitten im Alltag. Auch hier ist es wichtig, zunächst zu klären: Was ist das, die *Karma*-Lehre? und: Was versteht man im Hinduismus unter Wiedergeburt?

Um zu schlüssigen Antworten zu kommen, ist es notwendig, den Weg zurück zu den Ursprüngen dieser Lehren zu gehen, bis zu den *Upaniṣads*. Hier findet man die ältesten Textzeugnisse, in welchen beide Lehren im alten Indien entwickelt wurden. Zunächst zur *Karma*-Lehre. *Karma* ist ein Begriff aus dem Sanskrit, der wörtlich mit ‚Handlung' übersetzt werden kann. *Karma*-Lehre heißt somit ‚Handlungs-Lehre', die Lehre vom Handeln. Sie erklärt, wie das Handeln des Menschen funktioniert. Die *Karma*-Lehre sagt, dass jede Handlung eine ihr entsprechende Wirkung hat und dass diese Wirkung auf den Handelnden selbst zurückfällt. Die Wirkung mag dabei nicht unmittelbar oder gleich nach der erfolgten Handlung eintreten. Wichtig ist: Keine Wirkung einer einmal durchgeführten Handlung geht verloren. Eine gute Handlung wird dem gut Handelnden früher oder später einmal positiv zugute kommen. Und genauso fallen auch die schlechten

Wirkungen schlechten Handelns notwendig auf den schlecht Handelnden zurück. Es steht somit jedem Menschen frei, sein *Karma*-Konto in positivem Sinn aufzubessern oder schlechtes *Karma* auf sich zu laden.

Dies bedeutet umgekehrt auch, dass Unglück oder Leiden eines Menschen als gegenwärtige Wirkung von vergangenem, schlechtem Handeln gedeutet werden. Und Glück sowie alles Positive gelten als Wirkung guten Handelns aus früherer Zeit. Es ist nicht möglich, seinem *Karma* zu entfliehen, das heißt den Wirkungen seiner früheren Handlungen. Die *Karma*-Lehre kann so erklären, warum es dem einen Menschen schlecht geht, dem anderen jedoch gut. Sie garantiert die Bestrafung des Übeltäters, jedoch auch die Belohnung für den guten Menschen. Sein *Karma* wirkt auf den Menschen wie ein von ihm selbst verursachtes Schicksal, dem er nicht entweichen kann. Glück und Unglück eines jeden Menschen sind durch sein vorhergehendes Handeln bestimmt und festgelegt. Erst indem der Mensch schlechtes *Karma* abarbeitet, indem er sein Unglück und Leiden willig erträgt, oder wenn er durch gutes Handeln sein *Karma*-Konto aufbessert, wird es möglich, das Schicksal zu wenden.

Natürlich kommt die Frage auf, was denn nun gutes und was schlechtes Handeln ist. Mag es doch vorkommen, dass einer eine Handlung als gut, der andere die gleiche Handlung jedoch als schlecht beurteilt. Um hier Klarheit zu schaffen, legen die hinduistischen heiligen Schriften fest, dass gutes Handeln ist, was den Kastengesetzen entspricht. Dagegen produziert der Verstoß gegen die Kastengesetze schlechtes *Karma*. Speist ein *Brahmane*, ein Mitglied der Priesterkaste, mit niederkastigen Hindus oder isst er sogar Fleisch, was nach brahmanischen Vorstellungen als unrein gilt, so lädt er schlechtes *Karma* auf sich. Hält er sich jedoch an die hinduistischen Ernährungsregeln, so bedeutet dies gutes *Karma*.

Die *Karma*-Lehre übt so eine wichtige Funktion für die hinduistische Gesellschaft aus. Der Hinduismus kennt kein letztes Gericht nach dem Tode, wo Gott die guten Taten mit den Freuden des himmlischen Paradieses belohnt und schlechte Taten mit Fegefeuer oder Hölle bestraft. Und er braucht auch die Vorstellung eines solchen letzten Gerichts nicht, um die Gläubigen zu veranlassen, die Gebote einzuhalten und die Verbote zu beachten. Der Hindu glaubt an die *Karma*-Lehre. Und nach der *Karma*-Lehre tritt die Belohnung und Bestrafung der Handlungen, wie nach einem Naturgesetz, ganz von selbst ein. Eine Lehre war geschaffen, die den gläubigen Hindu dazu anhält, die Gebote zu befolgen. Der Einzelne weiß sich im Glauben an das *Karma* eingebunden und aufgehoben in der kosmischen Ordnung und erfährt so in dieser vergänglichen und endlichen Welt Sicherheit und Halt.

Die *Karma*-Lehre kann vieles erklären. Zwei wichtige Fragen bleiben jedoch zunächst offen. Was passiert mit den noch nicht eingetretenen Wirkungen beim Tode eines Menschen? Und: Warum erleben Menschen, die immer gut gehandelt haben, manchmal Unglück, schlechte Menschen haben dagegen Glück? Diese Fragen konnten nur durch eine andere Lehre beantwortet werden, die parallel zur gleichen Zeit entstanden ist und ebenfalls in den *Upaniṣads* zum ersten Mal erwähnt wurde: gemeint ist der Glauben an die Wiedergeburt.

Zuerst noch unabhängig von der *Karma*-Lehre fragt man sich in den ältesten *Upaniṣads*: ‚Wohin kommen die Wesen nach dem Tode?'. Und wenn man annimmt, dass die Menschen nach dem Tode in eine jenseitige Welt eingehen, versuchte man zu klären: ‚Warum wird das Jenseits nicht voll? '. Die Antwort lautete: Die Seelen gelangen nach dem Tod ins Jenseits. Sie kehren dann jedoch wieder in die Welt zurück. Der Glauben an Wiedergeburt war entstanden. Auf die Geburt eines Menschen folgt sein Heranwachsen zum Jugendlichen, dann das Erwachsensein bis hin zum Alter und dem leiblichen Tod. Auf den Tod folgt wiederum eine neue Geburt, ein neues Heranwachsen usw. Ohne dass sich der Mensch dessen bewusst ist, war er doch schon viele Male auf dieser Erde und wird auch noch unzählige Male immer aufs Neue wiedergeboren werden.

Durch den Glauben an die Wiedergeburt konnten dann auch die beiden noch offenen Fragen der *Karma*-Lehre ihre Antwort finden. Das erste Problem, was mit den Wirkungen von vergangenen Handlungen geschieht, die beim Tode eines Menschen noch nicht eingetreten sind, war nun einfach gelöst. Die Wirkungen gehen nicht verloren. Sie bilden die Ursache für eine neue Geburt und ein neues Leben, in welchem sie dann erfüllt werden können. Und auch das Unglück eines guten und das Glück eines schlechten Menschen sind jetzt erklärbar. Unglück und Glück gelten als Wirkung von in vorhergehenden Leben begangenen Taten, die jetzt erst zur Erfüllung kommen.

Was heißt dies nun alles für den Yoga? Da die meisten der indischen Yogīs, die heute den Yoga lehren, zugleich auch

Hindus sind, glauben Sie meist auch an die *Karma*-Lehre und die Wiedergeburt. Mit dem Yoga in seinem ursprünglichen Sinn haben diese Lehren jedoch nur eingeschränkt etwas zu tun. Sie kommen, wie alle anderen Lehren auch, die sich um den Yoga gebildet haben, einer äußeren Hülle gleich. Wenn man aber zum Kern des Yoga vordringen will, muss man vielleicht mit der Hülle beginnen. Wichtig ist jedoch, bei ihr nicht stehen zu bleiben, die Hülle der Lehren zu durchstoßen und sich für den yogischen Erfahrungsweg zu öffnen.

Insbesondere für den indischen Yoga wurden so *Karma*-Lehre und Wiedergeburt wichtig, jetzt jedoch in einer spezifisch yogischen Interpretation. Die *Karma*-Lehre beschreibt im Sinn des Yoga das gebundene und unbewusste Handeln des Alltagsbewusstseins. Sie zeigt, wie das unerleuchtete Handeln funktioniert, wie der Mensch an die Wirkungen seines Handelns gebunden ist. Er ist an diese Wirkungen gebunden, weil der unerleuchtete Mensch nur deswegen die Gebote erfüllt, weil er auf die Belohnung für sein Handlung hofft oder Bestrafung fürchtet. Im Sinne der *Karma*-Lehre ausgedrückt möchte er gutes *Karma*, gute Wirkungen erzielen und schlechtes *Karma*, das heißt schlechte Wirkungen vermeiden. Sein ganzes Streben ist darauf gerichtet, Wohlstand anzusammeln, Anerkennung zu bekommen, die Begierden zu befriedigen oder eine bessere Wiedergeburt zu erreichen. Im Streben nach immer mehr Erfolg, Reichtum und Anerkennung ist der Mensch getrieben bis zu seinem Tode und sogar darüber hinaus in ein neues Leben. Der Mensch darf nicht wiedergeboren werden, sondern er muss. Er ist getrieben im Kreislauf ewiger Wiedergeburten.

Hier genau, bei dieser inneren Gebundenheit und Getriebenheit des Menschen, setzt der Weg des Yoga ein. Den Weg des Yoga gehen heißt dann nicht, die hinduistischen Gebote und Verbote zu beachten, um gutes *Karma* anzusammeln und eine höhere Wiedergeburt zu erreichen. Den Weg des Yoga zu gehen heißt nicht an *Karma* und Wiedergeburt wie auch an keine andere Lehre zu Glauben.

Den Weg des Yoga zu gehen heißt, die eigene Unbewusstheit und innere Gebundenheit zu erkennen, die *Karma*-Lehre und die Lehre von der Wiedergeburt zum Ausdruck bringen. Ob diese Gebundenheit dann jedoch mit Hilfe der *Karma*-Lehre und der Wiedergeburt erklärt wird, ist für den Yogī völlig nebensächlich. Den Weg des Yoga zu gehen heißt, sich auf den yogischen Transformationsprozess einzulassen, der die Loslösung von Abhängigkeit an Wohlstand und Streben nach Anerkennung bedeutet, um sich so für die Erfahrung einer inneren Freiheit zu öffnen.

Übung

Den Weg des Yoga können Sie gehen, wenn Sie an die Karma-Lehre und an Wiedergeburt glauben. Den Weg des Yoga können Sie jedoch auch gehen, wenn Sie nicht an die Karma-Lehre und an Wiedergeburt glauben.

Vergegenwärtigen Sie sich in der folgenden Übung, dass der Weg des Yoga kein Weg des Glaubens, sondern ein Weg der konkreten Erfahrung ist. Dieser Weg der Erfahrung beginnt mit der Erfahrung unserer Gebundenheit im Alltagsbewusstsein.

Machen Sie sich bewusst, nach welchen Dingen Sie streben. Sind es Geld und Wohlstand, Anerkennung durch die Mitmenschen, Glückserfahrungen im Sex, gutes Essen? Führen Sie sich Ihre kleinen und großen Abhängigkeiten vor Augen.

- *Inwieweit ist es für Sie hilfreich, diese Erfahrung der Gebundenheit mit Karma und Wiedergeburt zu interpretieren, das heißt, mit dem Streben nach gutem Karma, das zur Getriebenheit im Kreislauf der Wiedergeburten führt?*
- *Inwieweit folgen Sie einem anderen Modell, das die Abhängigkeit und die Unbewusstheit des Alltagsbewusstseins in anderer Weise erklärt?*
- *Oder gehören Sie zu den Menschen, für die es gar nicht wichtig ist, das Alltagsbewusstsein mit einer Lehre zu erklären?*

Unabhängig davon, welche dieser Fragen Sie mit ‚Ja' oder ‚Nein' beantwortet haben, gilt für den Yoga: Den Weg des Yoga zu gehen bedeutet, an der Loslösung unserer Abhängigkeiten zu arbeiten. Je mehr es Ihnen vergönnt war, in der Yoga-Praxis die Erfahrung von innerer Stärke zu machen, desto mehr werden Sie auch die Loslösung von der Gebundenheit des Alltagsbewusstseins erfahren.

Fragen Sie sich abschließend:

- *Welche Rolle spielt Ihr Glaube an Karma und Wiedergeburt für Sie als Praktikerin oder Praktiker des Yoga?*
- *Kennen Sie auch andere Lehren, die die innere Abhängigkeit des Menschen zum Thema machen?*

Vergegenwärtigen Sie sich, dass es im Yoga nicht auf eine bestimmte Lehre oder Interpretation ankommt, sondern auf die praktische Loslösung von unseren inneren Abhängigkeiten, wodurch erst die ursprüngliche Freiheit aufbrechen kann, die Freiheit des Lebens aus dem wahren Selbst.

17. Die Philosophie von *OM*

Dem *Mantra OM* wird von der Zeit der *Upaniṣads* an bis zur Gegenwart höchste Bedeutung beigemessen. Dabei ist *OM* viel mehr als ein *Mantra*, ein Meditationswort. Um seine Einzigartigkeit zu betonen, wurde *OM* ein Schriftzeichen gewidmet, das nur diesen einen Laut zum Ausdruck bringt und in keinem anderen Wort Verwendung findet. *OM* ist auch in keine Sprache zu übersetzen. *OM* steht über allen Sprachen. *OM* ist das Urwort schlechthin. Als Urwort bedeutet *OM* nicht nur das Wesen aller anderen Worte, es umfasst auch alle anderen Worte, die der Mensch in allen nur möglichen Sprachen hervorbringen kann. *OM* ist das Wort, das nicht nur alle anderen Worte umfasst. *OM* umfasst die ganze Welt. *OM* ist das Universum. Und selbst darüber geht die Bedeutung von *OM* noch hinaus. *OM* ist der Weg zur Erfahrung des wahren Selbst, *OM* ist das wahre Selbst. Wie ist dies alles zu erklären?

Hierzu ist es wichtig, zu den Wurzeln der Philosophie des *OM* zurückzukehren, wie sie in den *Upaniṣads* zu finden sind. Dort wird *OM* in einzelne Teile zerlegt, die dann einer nach dem anderen gedeutet werden können. *OM* als Laut ausgesprochen, zerfällt zunächst in zwei Teile: Es ist zuerst ein O und dann ein M zu hören.

OOOOOOOOMMMMMMMMM
Nun geht man davon aus, dass der Laut O durch das Zusammenziehen der Einzellaute A und U entstanden ist. Aus *AAAAAUUUUU* wird *OOOOO*. Wenn man dann umgekehrt

das O wieder auseinandernimmt, dann entstehen die beiden Laute A und U. So ist es möglich, zwischen drei Lauten von *OM* zu unterscheiden: A, U und M. Darüber hinaus geht man noch von einem vierten Laut, einem vierten Teil von *OM* aus, der ganz einfach nur als der ‚Vierte' bezeichnet wird, die unhörbare Dimension von *OM*. *OM* besteht somit aus vier Teilen, A, U, M und dem ‚Vierten'. Alle vier Teile von *OM* sind nun einer nach dem anderen zu erklären.

A ist der erste Laut. Mit A beginnt das Alphabet, nicht nur in Indien, sondern auch in der westlichen Kultur. Wenn der Mensch morgens aufwacht, sich streckt und dann einen Laut von sich gibt, dann ist es meist der Laut A. Es ist deswegen A, weil A der erste Laut ist, der hinten im Rachen entsteht. A ist der erste Laut und somit das Symbol der Öffnung, des Beginnens. A repräsentiert aber auch alles Anfangende beim Menschen, alles Beginnen in der Welt, die Lebensphase, in der etwas Neues aufgeht. A bedeutet auch die Bewusstseinsform, die zuerst entsteht, wenn überhaupt Bewusstsein möglich ist: das Wachbewusstsein.

Das O setzt sich, wie gezeigt, aus A und U zusammen, so dass als zweiter Laut U folgt. Das U ist der Laut der Mitte. Das U steht zwischen dem im Rachen hinten gebildeten ersten Laut A und den vorne mit den Lippen geformten, letzten und abschließenden Lauten. Das U kann somit als das Symbol für das Dazwischensein, für den Wandel gelten, für das Auf-dem-Weg-Sein und auch für die Lebensphasen des Umbruchs. Als Bewusstseinsform meint U das Zwischenbewusstsein zwischen dem Wachen auf der einen Seite und dem Tiefschlaf auf der anderen, das Traumbewusstsein.

Der dritte und das *OM* abschließende Laut ist M. M wird vorne mit den Lippen gebildet und entsteht nur dann, wenn beide Lippen geschlossen sind. Wenn das Hervorbringen von Lauten hinten im Rachen mit der Öffnung des A beginnt, dann endet es vorne an den Lippen mit dem Verschlusslaut des M. Das M gilt somit als das Symbol des Schlusses, der Rückkehr, der Einkehr, des Ankommens, des Zur-Ruhe-Kommens, des Endes einer Lebensphase im positiven Sinn der Vollendung, im negativen Sinne aber auch der Zerstörung. Als Bewusstseinsform meint M den Tiefschlaf als das Ende jeder Bewusstseinsaktivität.

A, U und M werden in diesem Sinn als die Repräsentanten aller Laute verstanden, die ein Mensch hervorbringen kann. Sie gelten als Symbole von allem, was anfängt, was dazwischen liegt und was endet, und drücken so auch alle nur möglichen Lebensphasen des Menschen aus und gleichzeitig alle nur möglichen Zustände der Welt. So gilt *OM* als das Symbol des gesamten Universums. In der Interpretation als die drei Bewusstseinszustände des Wachens, des Traumschlafs und des Tiefschlafs deckt *OM* auch alle nur denkbaren Bewusstseinsformen ab, die dem Menschen möglich sind. *OM* ist aber noch mehr. Und dieses ‚Nochmehr' wird sogar als das Entscheidende von *OM* gesehen. Das ‚Nochmehr' ist der ‚vierte' Teil von *OM*.

Die große Frage bleibt, was mit dem vierten, unhörbaren Teil des *OM* gemeint ist. Was gibt es mehr, das mit einem hörbaren Laut zum Ausdruck gebracht werden könnte? Was geht über das Beginnen, das Dazwischensein und das Enden hinaus? Welche vierte Bewusstseinsform könnte ein Mensch erfahren, die mehr ist als Wachen, Traumschlaf und Tiefschlaf? Es geht um eine Dimension von *OM*, die weder mit hörbaren Lauten zu benennen noch mit irgendwelchen anderen Worten auszudrücken ist. Wenn die alten Texte den ‚Vierten' beschreiben, arbeiten sie deswegen auch mehr mit Verneinungen, als dass sie konkret aussagen, was gemeint ist. Der ‚Vierte' ist hiernach *nicht* erkennbar, ist *nicht* fassbar, *nicht* wahrnehmbar und er ist *nicht* beschreibbar. Es erscheint nicht einmal möglich, einen klaren Begriff zu nennen, so dass nur ganz formell vom ‚Vierten' die Rede ist. Und doch geht es bei dem, was hier so unscheinbar benannt ist, um die Essenz des wahren Selbst, um die Erfahrung des göttlichen Ruhens im wahren Selbst, um das Erwachen zu einer inneren Glückseligkeit, die nicht von außen bewirkt wurde.

Der Mensch im Alltagsbewusstsein hört *OM* und er kann nur die hörbaren Laute wahrnehmen. Das Alltagsbewusstsein kennt nur das sichtbare Universum. Selbst bei größter Anstrengung ist es nicht möglich, über Wachen, Träumen oder Tiefschlaf hinauszugehen. Dies liegt daran, dass die Erfahrung des ‚Vierten' mit Anstrengung nicht zu realisieren ist. Der unhörbare vierte Laut von *OM* wird nicht durch Anstrengung und Machen, sondern durch ein ‚Weniger-Machen' erfahren, das viel mehr ist als alle Anstrengung, die der Mensch je aufbringen könnte. Und gerade das Üben mit dem Mantra *OM* hat das Potential, dieses ‚Weniger-Machen' zu fördern. Durch die ständige und ausdauernde Wiederholung von *OM* in der Rezitation oder der Meditation kann die Konzentration immer feiner werden. Gelassenheit und innere Ruhe nehmen zu. Die Gebundenheiten, Abhängigkeiten,

Getriebenheiten und Unbewusstheiten des Alltagsbewusstseins beginnen sich zu lösen. In diesem Prozess des Yoga
erlangen Psyche und Geist Durchlässigkeit, werden trans-
parent für eine grundlegende, tragende Dimension der Realität. Es wird möglich, dass der ‚Vierte' erwacht, der vierte
Teil von *OM* als die Bewusstheit des wahren Selbst, die tiefer
greift als Wachen, Träumen und Schlafen. Egal, wo der
Mensch lebt, ob er mit dem Handeln anfängt, ob sein Tun die
Mitte erreicht hat oder ob er gerade am Ende angekommen
ist, immer erfährt er sich getragen von dieser grundlegenden,
göttlichen Kraft, die in der Geschichte der Yoga-Philosophie
mit so vielen Namen benannt worden war und letztlich mit
keinem Namen zu begreifen ist. Erst wenn vom hörbaren Laut
losgelassen wird, eröffnet sich diese Erfahrung des tragenden
Grundes, bricht die Erfahrung des ‚Vierten' durch als die
Vollendung der Philosophie des *OM*.

Übung

Die folgende Übung besteht aus drei Teilen.

1. Teil:
Im ersten Teil geht es um die konkrete Erfahrung des Tönens der Laute A, U, und M:

- *Ziehen Sie sich für den ersten Teil der Übung an einen Ort zurück, an dem Sie ungestört tönen können. Vielleicht beginnen Sie mit einem U oder I und versuchen dann Ihr Tönen immer weiter nach hinten, in den Rachenraum zu verlagern, bis Sie konkret erfahren, dass der Laut A der hinterste und somit der erste Laut ist, den der Mensch hervorbringen kann.*
- *Tönen Sie dann ein O und ein U und spüren Sie, dass der Ort der Bildung des O genau zwischen A und U liegt, dass O somit aus dem Zusammenfließen von A und U entsteht.*
- *Gehen Sie in der Bildung der Laute dann weiter nach vorne bis zu einem M und erfahren Sie, wie sich die Lippen schließen und ganz vorne mit dem Laut M alles Tönen zum Abschluss kommt.*
- *Tönen Sie dann einige Male A - U - M, A - U - M, A - U - M und achten Sie auf den jeweiligen Ort der Bildung der Laute. Spüren Sie, wie sich mit dem A der hinterste Laut öffnet, wie das U dazwischen liegt und wie mit dem M das Tönen vorne zum Abschluss kommt.*

2. Teil:

In dem zweiten Teil der Übung werden Sie sich der Symbolik dieser drei Laute bewusst. Schauen Sie hierbei auf die Lebensphase, in der Sie sich im Moment befinden.

- *Sind Sie zurzeit in einer A-Phase? Ist das Beginnen dominierend? Sind Sie am Anfang? Entsteht etwas Neues?*
- *Oder befinden Sie sich eher in eine U-Phase, im Dazwischensein, im Wandel, auf dem Weg, im Umbruch?*
- *Oder ist eine M-Phase dominierend? Sind Sie an einem Ende angekommen, im Sinne der Rückkehr, des Ankommens, der Vollendung oder aber auch der Zerstörung?*
- *Sind diese Fragen für Sie eindeutig zu beantworten? Oder sehen Sie mehrere Phasen gleichzeitig, die sich überlagern?*

Werden Sie sich bewusst, dass Sie jetzt im Moment in Ihrem Leben eine bestimmte A-, eine U- oder eine M-Phase erkennen können, dass diese Phasen sich jedoch in einem ständigen Wandel befinden. Wie in der OM-Rezitation ein OM auf das andere folgt, so entsteht aus einem Anfang das Dazwischensein, aus dem Dazwischensein das Ende und aus dem Ende wiederum ein neuer Anfang usw. Unser ganzes Leben, unser Machen unsere Anstrengung richtet sich im Alltagsbewusstsein darauf, diesen Prozess des Anfangens, des Dazwischenseins und des Beendens immer weiter und immer wieder erneut voranzutreiben.

3. Teil:
Der dritte Teil dieser Übung versucht, die Erfahrung des ‚Vierten'
durch das Tönen von OM zu fördern. Das OM-Tönen geschieht
dabei am besten in der Gemeinschaft einer Gruppe.

- *Achten Sie zuerst darauf, wie Sie willentlich den Laut OM*
  hervorbringen, wie Sie den Laut OM ‚machen' und Sie so aber
  nur das hörbare OM produzieren.
- *Der ‚Vierte' entsteht, wenn Sie sich immer weniger anstrengen,*
  immer weniger machen, das Tönen mehr entstehen lassen und
  so immer weniger eigene Kraft aufwenden. Lassen Sie Ihr
  eigenes Tönen tragen von dem Tönen der Gruppe oder, wenn
  Sie alleine tönen, von dem Tönen im Raum.

Wenn Sie über lange Zeit und mit Ausdauer diese Übung praktizie-
ren, dann besteht die Chance, dass Sie im ‚Weniger- Machen'
erfahren, dass Sie mehr bekommen, dass Sie eine Kraft, Stärke und
Energie erfahren, die sie nicht selbst machen und durch Machen
auch nie realisieren können. Erst dann besteht die Möglichkeit, dass
sich OM zur Fülle aller seiner vier Teile entfaltet.

18. Gotteserfahrung und Selbsterfahrung

Es gibt in den Religionen viele Vorstellungen von Gott. Zumeist ist Gott als jenseitiges Wesen gedacht. Gott ist im Himmel, im Gegensatz zu den Menschen auf der Erde. Es gehört zu den großen Entdeckungen des Yoga, dass Gott dem Menschen viel näher ist, als dies im Allgemeinen geglaubt wird. Yoga ist der Weg der Schulung des Bewusstseins, um erkennen zu können, was der Mensch wirklich ist, dass das wahre ‚Selbst' des Menschen, im Sanskrit mit *ātman* bezeichnet, eins ist mit dem ‚Absoluten', mit *brahman*. Über eine solche Gotteserfahrung als Erfahrung des wahren Selbst sagen jedoch die alten *Upaniṣads*:

Von dort kehren die Worte zusammen mit dem Denken um, ohne es erreicht zu haben.
(Taittirīya-Upaniṣad 2.9)

Absolutes und Selbst, *brahman* und *ātman*, sind Worte für etwas, das eigentlich mit einem Wort nicht benannt werden kann. Es handelt sich um Worte für die Erfahrung des Unsagbaren und Undenkbaren. Und doch versuchte man immer wieder, dieses Unsagbare zu benennen, dieses Undenkbare zu denken. Auch dieses Kapitel zur Gotteserfahrung und Selbsterfahrung bildet einen erneuten Versuch, diese unsagbare Erfahrung, von der alle Worte umkehren, ohne sie erreicht zu haben, philosophisch zu denken und wiederum mit zahlreichen Worten zu erklären.

Immer wenn wir sprechen, schreiben oder lesen, müssen wir notgedrungen Begriffe des Denkens benutzen. Wir versuchen

147

jetzt aber mit Begriffen auf etwas zu weisen, was weit innerlicher zu suchen ist, als dass es mit Denken zu begreifen wäre. Wichtig ist es also, sich von dem Festhalten an den Worten zu lösen und auf die Erfahrung zu schauen, auf die die Worte hinweisen. Eine sehr bekannte Methode, um dies zu realisieren, ist das Arbeiten mit Verneinungen, wie sie schon der große Weise *Yajñavalkya* in den *Upaniṣads* anwendete. Wenn *Yajñavalkya* über die Erfahrung des *brahman* sprach, dann sagte er:

Neti neti - Es ist nicht so und ist nicht so.

(Bṛhadāraṇyaka-Upaniṣad 4.5.15.)

Es ist möglich, die Dinge der materiellen Welt sinnvoll zu beschreiben. Auch können wir die Lebensprozesse mit unserem Denken analysieren. Und auch Logik ist begreifbar. Das *brahman* jedoch liegt tiefer, liegt tiefer als das Denken. Wir können zwar mit den Worten Anlauf nehmen, müssen uns dann aber von ihnen wie auf einer Sprungschanze abstoßen, indem wir alle Worte über das *brahman* verneinen: Es ist nicht so zu benennen und es ist auch nicht anders zu benennen.

Es war dann *Rāmakrishna,* der große indische Weise aus dem 19. Jahrhundert, der den Weg zur Erfahrung des *brahman* in einem wunderschönen Bild beschrieb:

Eine Salzpuppe wollte die Tiefe des Meeres ermessen. Sie wollte den anderen berichten, wie tief das Meer sei. Aber wie sollte sie? Kaum hatte sie das Wasser berührt, als sie in ihm verging. Wer nun sollte über die Tiefe des Meeres berichten?

(Rāmakrishna in: P.J. Saher: Indische Weisheit und das Abendland, 159-160)

Unser Denken ist wie eine Salzpuppe, die die Tiefen des *brahman*-Meeres zu ergründen versucht. Natürlich ist es möglich, umfassende Theorien zu entwerfen, um das *brahman* mit dem Denken zu begreifen. Alle Theorien über das Meer bleiben jedoch etwas Fremdes, wenn wir es so nur von außen betrachten und analysieren. Solange sich die Übenden noch nicht auf den Weg des Yoga gemacht haben, können sie vieles über den tieferen Sinn des Yoga spekulieren, darüber, was die Gotteserfahrung, die Erfahrung des *brahman*, bedeuten mag. Aber es ist wichtig, sich auf die Praxis selbst einzulassen und, wie eine Salzpuppe, in das Meer des Yoga hinein zu steigen. Was aber passiert, wenn eine Salzpuppe in das Meer eintaucht? Es geschieht das Gleiche, wie wenn sich unser Denken auf die Erfahrung des *brahman* einlässt. Eine Salzpuppe wird sich auflösen, wird eins mit dem Meer. Wenn die Yoga-Übenden zur Erfahrung des Yoga durchbrechen, dann wird sich in gleicher Weise nicht nur ihr Denken über Gott auflösen. Die Übenden denken nicht mehr über das Absolute nach, sie erkennen sich selbst als *brahman*.

So steht in den *Upaniṣads*:

Derjenige, der fürwahr dieses höchste brahman kennt, der ist brahman.

(Muṇḍaka-Upaniṣad 3.2.9.)

Brahman wirklich zu kennen heißt, von allen Vorstellungen loszulassen, wie man sich ein solches Erfahren denken könnte, und sich existentiell auf das *brahman* einzulassen. Wer *brahman* kennt, der lebt aus dem *brahman*, der ist eins mit dem *brahman*, ohne dass er nur ein einziges Wort darüber

gesagt haben muss. Wenn sich die Salzpuppe im Meer auflöst, dann lösen sich nicht nur Worte und Denken auf, sondern
auch unsere Verkrampfungen, Gebundenheiten und Unbewusstheiten und mit ihnen wir selbst. Die Salzpuppe, die sich
im Meer auflöst, sind wir selbst. So sagt wiederum *Yajñavalkya*:

Nicht erkennt man nach dem Tod.

(Bṛhadāranyaka-Upaniṣad 2.4.12)

Mit Tod meint der große Weise der *Upaniṣads* nicht unseren
leiblichen Tod am Ende des irdischen Lebens, sondern die
Erfahrung der Einung mit *brahman*. Der Körper des Menschen kann dann verglichen werden mit einer toten und
abgeworfenen Schlangenhaut auf einem Ameisenhaufen. In
diesem Bild der *Upaniṣads* ist die Schlangenhaut tot. Und
doch bewegt sie sich. Ihre Bewegung stammt jedoch nicht
von ihr selbst, sondern von den sie tragenden Ameisen.

Das Bild macht deutlich, wie wenig die Rede der Erfahrung
der Einheit von Gott und Mensch eine Vergottung des Menschen meint. Es geht nicht darum, das Ich so aufzublähen,
dass es so groß und so mächtig wird wie Gott. Ganz im Gegenteil: den Weg des Yoga zu gehen bedeut ein ‚Weniger-
Machen‘, ein ‚Nichts-Machen‘ und letztlich ein ‚Sterben‘.
Wer stirbt? Es stirbt das Ego, das Schein-Ich der Abhängigkeiten und Unbewusstheiten. Der Weg des Yoga meint einen
Weg der Gelassenheit, des Loslassens von allen Egoismen,
Fremdbestimmungen, Gebundenheiten und Zwängen, die das
Alltags-Ich ausmachen.

Wie eine tote, abgeworfene Schlangenhaut auf einem
Ameisenhaufen nicht durch sich selbst, sondern durch die

Ameisen bewegt wird, so ist der Mensch in der Gotteserfahrung von dem göttlichen Leben getragen. Es geht darum, von diesem scheinbaren Ich des Alltags loszulassen, um das göttliche Leben als den tiefsten Grund des eigenen Selbst zu entdecken. Dieses göttliche Leben kommt somit nicht von außen, sondern aus der Mitte der eigenen Existenz. Der Mensch erfährt das göttliche Absolute, das *brahman* und findet so wieder zu sich selbst, zu seinem wahren Selbst, zum *ātman*. Gotteserfahrung als die Perspektive des Yoga meint das Erwachen zum eigentlichen und ursprünglichen Selbst des Menschen.

Übung

Mit der Erfahrung von brahman, der Gotteserfahrung, kann die Perspektive des yogischen Weges beschrieben werden, von der die alten Upaniṣads sagen: ‚Von dort kehren die Worte zusammen mit dem Denken um, ohne es erreicht zu haben'. Es geht allerdings um eine Perspektive, die von Beginn an für die Yoga-Praxis eine wesentliche Rolle spielt.

Blicken Sie auf Ihre eigene Praxis und fragen Sie sich:

• *Inwieweit kann auch von Ihren Yoga-Erfahrungen gesagt wer-den, dass hier Worte und Denken umkehren, ohne sie erreicht zu haben?*

Der Weg zur Gotteserfahrung ist dann nicht nur als ein Loslassen von Worten und Denken beschrieben, sondern als ein Sterben des Alltags-Ich. Im Kapitel werden dabei zwei Bilder aufgeführt, die den Yoga-Weg als Prozess dieses ganz besonderen ‚Sterbens' ver-deutlichen.

Erstens: Yogisches ‚Sterben' ist wie ein sich Auflösen einer Salzpuppe im Meer.
Zweitens: Yogisches ‚Sterben' ist wie ein Getragenwerden einer toten Schlangenhaut auf einem Ameisenhaufen.

Blicken Sie wiederum auf ihre eigene Übungspraxis:

- *Haben Sie schon einmal erfahren, dass sich all Ihr Machen und Tun und all das, was Sie bisher für Ihr Ich gehalten hatten, wie eine Salzpuppe im Meer auflöste und Sie so aus einer größeren Kraft, aus der Kraft des Ganzen zu leben vermochten?*

- *Haben Sie schon einmal erfahren, dass Sie wie eine tote Schlangenhaut selbst nichts machen, und Sie sich so gerade für ein Leben aus einer größeren Energie geöffnet haben?*

Fragen Sie sich abschließend, was für Sie die Perspektive des Yoga bedeutet.

- *Was heißt für Sie Gotteserfahrung als die Erfahrung des brahman, als die Rückkehr zu dem, was Sie ursprünglich und eigentlich sind?*

Anhang

Lexikon der Fachbegriffe

Zur Aussprache:
Die Vokale e und o werden stets lang gesprochen. Die anderen gedehnten Vokale sind mit einem Balken über dem betreffenden Buchstaben gekennzeichnet.

c	wie tsch
j	wie dsch
ñ	wie spanisch señor
ṇ	n mit zurückgebogener Zungenspitze gesprochen
ḍ	d mit zurückgebogener Zungenspitze gesprochen
ṭh	t mit Hauchlaut und zurückgebogener Zungenspitze gesprochen
ṣ	sch mit zurückgebogener Zungenspitze gesprochen
v	wie w

abhyāsa (m.)	Übung, Anstrengung, Wiederholung
antaryāmin (m.)	innere Lenker
āsana (n.)	wörtl.: Sitz, Sitzhaltung, Körperübungen des *Haṭha-Yoga*
Ashram (m.n.)	Yoga-Zentrum
ātman (m.)	Selbst
Bhagavadgītā (f.)	‚Gesang des Erhabenen‘, wichtigster Text des religiösen Yoga und zentrale heilige Schrift des Hinduismus
bhakti (f.)	(religiöse) Hingabe, Liebe
Bhakti-Yoga (m.)	Yoga der religiösen Hingabe

Anhang

brahman (n.)	das Absolute
Brahmane (m.)	Priester, Mitglied der Priesterkaste
dhāranā (f.)	Konzentration
dhyāna (n.)	Loslassen, Meditation
Guru (m.)	Meister
hatha (m.)	Kraft, Gewalt, kraftvolle Anstrengung
Hatha-Yoga (m.)	der den Körper integrierende Yoga-Weg
Hatha-Yoga-Pradīpikā (f.)	‚Leuchte des *Hatha-Yoga*‘, zentraler Text des klassischen *Hatha-Yoga*
Himālaya (m.)	‚Ort von Eis und Schnee‘, Gebirge im Norden des indischen Subkontinents, das bis heute einen wichtigen Rückzugsort der Yogīs bildet
jñāna (m.)	Wissen, Erkenntnis, Weisheit, Philosophie
Jñāna-Yoga (m.)	Übungsweg der Yoga-Philosophie
kaivalya (m.)	Freiheit, Einzigkeit, vollkommene Loslösung, Gipfelerfahrung des Yoga
Karma (n.)	Handlung
Karma-Lehre	Lehre von der Handlung und ihren Wirkungen
Karma-Yoga (m.)	Yoga des Handelns im Alltag
kundalinī (f.)	Schlangenkraft, göttliche Urkraft
Mandala (m.n.)	rund, Kreis, Gebiet, Meditationsbild
Mantra (m.n.)	Meditationswort

nirodha (m.)	Hemmen, das Zur-Ruhe-Kommen
Patañjali	Eigenname, Autor der *Yoga-Sūtras*
prāṇa (m.)	Atem, Lebensenergie
prāṇāyāma (m.)	Atemregelung, Atemübung
sādhana (n.)	Weg, Werkzeug, spiritueller Weg, Lebensweg
samādhi (m.)	Einung, Versenkung, Gipfelerfahrung des Yoga
Sanskrit (n.)	Fachsprache des Yoga und der indischen Philosophie
sūtra (n.)	Faden, Leitfaden
Upaniṣad (f.)	‚Dicht-nieder-Sitzen', Geheimtext, älteste Texte des Yoga und der indischen Philosophie, letzter Teil des *Veda*
vairāgya (n.)	Loslösung
Veda (m.)	‚Wissen', älteste heilige Texte des Hinduismus
Yoga (m.)	Anschirren, Einung, Übung
Yoga-Sūtra (n.)	‚Leitfaden des Yoga', Grundtext des klassisch-philosophischen Yoga des *Patañjali*
Yogī (m.)	Yoga-Anhänger
Yoginī (f.)	Yoga-Anhängerin

Weiterführende Literatur

Primärliteratur:

Upanishaden. Die Geheimlehre des Veda, übers. v. Paul Deussen, hg. v. Peter Michel, Wiesbaden 2006.

Die drei kleinen Upaniṣaden, übers. v. Eckard Wolz-Gottwald, Sankt Augustin 2007 (3. Aufl.)

Patañjali: Die Wurzeln des Yoga. Die Yoga-Sūtren des Patañjali, übers. v. P.Y. Deshpande u. Bettina Bäumer, Bern u. a. 2005 (11. Aufl.).

Patañjali: Das Yogasūtra, übers. v. R. Sriram, Berlin 2006.

Bhagavadgita, Wege und Weisungen, übers. v. Peter Schreiner, Zürich 1991

Bhagavadgita, übers. v. Michael von Brück, spiritueller Kommentar v. Bede Griffiths, München 1993

Shankara: Das Kleinod der Unterscheidung, übers. v. Ursula v. Mangoldt, Bern 1981.

Svamī Svātmarāma: Haṭha-Yoga Pradīpikā. Die Leuchte des Haṭha-Yoga, übers. v. Hermann Walter, Neuenkirchen 2004.

Rāmakrishna in: P.J. Saher: Indische Weisheit und das Abendland, Meisenheim a. G. 1965.

Sekundärliteratur:

Baier, Karl: Yoga auf dem Weg nach Westen. Beiträge zur Rezeptionsgeschichte, Würzburg 1998.

Berufsverband der Yogalehrenden in Deutschland (BDY) (Hg.): Der Weg des Yoga. Handbuch für Übende und Lehrende, Petersberg 2007 (5. Aufl.).

Eliade, Mircea: Yoga. Unsterblichkeit und Freiheit, Frankfurt a. M. 1985.

Feuerstein, Georg: Die Yoga-Tradition. Geschichte, Literatur, Philosophie und Praxis, Wiggensbach 2008.

Fuchs, Christian: Yoga in Deutschland. Rezeption, Organisation, Typologie, Stuttgart u. a. 1990.

Glasenapp, Helmuth von: Die Philosophie der Inder. Eine Einführung in ihre Geschichte und ihre Lehren, Stuttgart 1974 (3. Aufl.).

Huchzermeyer, Wilfried: Das Yoga-Wörterbuch. Sanskrit-Begriffe, Übungsstile, Biographien, Karlsruhe 2006.

Iyengar, B.K.S.: Licht fürs Leben, Bern u. a. 2007.

Krishnananda, Swami: Die Philosophie des Yoga. Eine Einführung, Wien 1996.

Pfretschner, Helga: Yoga-Üben in Schritten. Der Einheit auf der Spur - über 40 āsanas im Detail, Petersberg 2001.

Schmidt, Christian: Erfahrungsweg Yoga. Gottesbegegnung durch Selbstfindung, München 1993.

Sriram, R.: Yoga: Neun Schritte in die Freiheit, Berlin 2001.

Tatzky, Boris; Trökes, Anna; Pinter-Neise, Jutta: Theorie und Praxis des Hatha-Yoga. Ein Leitfaden zur Erfahrung der Energie, Petersberg 1996.

Tietke, Mathias: Der Stammbaum des Yoga. 5000 Jahre - Tradition und Moderne, Berlin 2007.

Trökes, Anna: Das große Yoga-Buch. Das moderne Standardwerk zum Hatha-Yoga, München 2000.

Trökes, Anna: Yogameditation. Ein Handbuch, Berlin 2004.

Unger, Carsten; Hofmann-Unger, Katrin: Yoga und Psychologie - Persönliches Wachstum und Risiken auf dem Übungsweg. Ein Leitfaden für Übende und Lehrende, Ahrensburg 1999.

Wolz-Gottwald, Eckard (Hg.): Yoga-Philosophie-Karten. Ein Grundkurs zur Philosophie des Yoga, Petersberg 2001.

Wolz-Gottwald, Eckard: Yoga-Philosophie-Atlas, Petersberg 2006 (2. Aufl.).

Wichtige Adressen

Traditionsübergreifende Verbände

Berufsverband der Yogalehrenden in Deutschland e.V. (BDY)
Jüdenstr. 37
D - 37073 Göttingen
Tel: 05 51/ 797744-0
E-Mail: info@yoga.de
Internet: www.yoga.de

Yoga Austria - Berufsverband der Yogalehrenden in Österreich (BYÖ)
Neustiftg. 14/St.2/II
A - 1070 Wien
Tel: 0431/ 5053 695
E-Mail: info@yoga.at
Internet: www.yoga.at

Yoga Schweiz Suisse Svizzera
(vormals Schweizerische Yoga Gesellschaft, SYG)
Aarbergergasse 21
CH - 3011 Bern
Tel: 041 31/311 07 17
E-Mail:info@yoga.ch
Internet: www.yoga.ch

Swiss Yoga - Schweizer Yogaverband
Seilerstrasse 24
CH - 3011 Bern
Tel: 031/382 18 10
E-Mail: swissyoga@msn.com
Internet:www.swissyoga.ch

Internationale Verbände

European Yoga Alliance (EYA)
Princesa Eboli 70, 5to B
E - 28050 Madrid
Tel: 0034/609071380
E-Mail: secretary@europeanyogaalliance.org
Internet: www.europeanyogaalliance.org

Europäische Yoga-Union (EYU)
En Gérardie, 29 – B
B – 4000 Liege
Tel: 0031/4 368 6269
E-Mail: fby@swing.be
Internet:www.yogaeurop.com

Traditionsgebundene Vereine und Verbände

B.K.S. Iyengar Yoga Vereinigung Deutschland e.V.
Pappelallee 24
D - 10437 Berlin
Tel: 030 /54 71 40 30
Fax: 030 /54 71 40 32
E-Mail: info@iyengar-yoga-deutschland.de
Internet: www.iyengar-yoga-deutschland.de

3H Organisation Deutschland e.V.
Breitenfelder Straße 8
D - 20251 Hamburg
Tel: 040 /47 90 99
E-Mail: info@3ho.de
Internet: www.3ho.de

Bund der YogaVidya Lehrer (BYV)
Haus Yoga Vidya Bad Meinberg
Wällenweg 42
D - 32805 Horn-Bad Meinberg
Tel: 05234/87-0,
Fax : 05234/1875
E-Mail : internet@yoga-vidya.de
Internet: www.yoga-vidya.de

Verband der Yogalehrenden im Kneipp Bund (VYLK)
Am Büchel 17
D - 53173 Bonn
Tel.: 0228/234299
E-Mail: monika.swoboda@freenet.de
Internet: www.vylk.de

Danksagung

Der Dank
für Inspiration und Korrektur
gilt vor allem meinen Kolleginnen
Patricia Thielemann (*Spirit Yoga Berlin)*
und Angelika Beßler (*Yoga in Ibbenbüren*).

Yoga-Philosophie-Atlas

Eckard Wolz-Gottwald

2. Auflage

Hardcover, 228 Seiten,
230 Abb. und Graphiken
ISBN 978-3-936486-04-9

Der *„Yoga-Philosophie-Atlas"* ist eine Enzyklopädie der Yoga-Philosophie. Er besteht aus Texten zu allen zentralen Themen der Yoga-Philosophie. Die den Text erläuternden Grafiken können die Grundstrukturen eines Gedankens treffend auf den Punkt bringen und ermöglichen so den Zugang zu den oft komplizierten Zusammenhängen der Yoga-Philosophie. Von der allgemein verständlichen Anschaulichkeit ist der Weg zu den Tiefen des yogischen Wissens gewiesen. Der *„Yoga-Philosophie-Atlas"* erläutert die einzelnen Wege und Schulen und setzt sie in den großen Zusammenhang der Philosophie des Yoga. Die Grundthemen der Yoga-Philosophie, die großen Text-Zeugnisse des religiösen Yoga, des klassisch-philosophischen Yoga und auch des körperorientierten Yoga der Gegenwart bilden besondere Schwerpunkte.

Yoga-Philosophie-Karten

Ein Grundkurs zur Philosophie des Yoga

Eckard Wolz-Gottwald (Hrsg.)

84 mehrfarbige Karten, Begleitbuch,
112 Seiten in Stülpdeckelschachtel verpackt
ISBN 978-3-928632-84-3

Yoga-Philosophie-Karten sind ein praxisbezogener Grundkurs zur Erfahrung der Philosophie des Yoga. Zusammengestellt aus allen wichtigen Texten der fast 3000-jährigen Tradition des Yoga sind 84 Kerngedanken der Yoga-Philosophie auf 84 Karten auf den Punkt gebracht. Ein Begleitbuch gibt weiterführende Erklärungen. Jeder Gedanke zeigt Facetten yogischer Weisheit, die das Eine, worum es im Yoga letztlich geht, unter immer neuen Aspekten beleuchtet. Der Kurs stützt sich in dieser Weise auf die traditionelle yogische Lernmethodik der Konzentration auf zentrale Kernsätze, die besonders gut im Gedächtnis haften bleiben können. Die Karten geben dann Gelegenheit, über die zentralen Gedanken des Yoga zu meditieren und sich so ihres tieferen Sinnes bewusst zu werden. Der Kurs ist geeignet zum Selbststudium für Anfänger und Fortgeschrittene, bietet aber auch ausgezeichnetes Material zur Verwendung im Yoga-Unterricht.

Der Weg des Yoga

Handbuch für Übende und Lehrende

Herausgegeben vom Berufsverband
Deutscher Yogalehrer

Gebunden, 392 Seiten,
238 Zeichnungen
ISBN 978-3-928632-02-7

5. Auflage

30 Verfasser, jeweils auf ihrem Fachgebiet kompetent und erfahren, haben in diesem großen Yogabuch den ganzen Reichtum der Yogawelt in komprimierter Form dargestellt. Mehrere Kapitel über die wichtigsten Quellentexte des Yoga, über die Yogameditation sowie über die verschiedenen Schulen und Meister des Yoga führen in die große Tradition des Yoga ein. Hatha-Yoga wird umfassend in all seinen Ausformungen und Übungswegen beschrieben und von seinem spirituellen Ziel her betrachtet. „Yoga im Westen" setzt die wissenschaftlichen Forschungen und Erkenntnisse unserer Zeit und der westlichen Kulturtradition in Bezug zum Yoga. Das Buch bietet eine Fülle von wichtigen Informationen und vertiefenden Impulsen sowohl für den Yogaübenden als auch für den Yogalehrer.

YOGA – Tradition und Erfahrung

Die Praxis des Yoga nach dem
Yoga Sûtra des Patañjali

T.K.V. Desikachar

4. Auflage

Gebunden, 248 Seiten,
215 Zeichnungen
ISBN 978-3-928632-00-3

T.K.V. Desikachar ist Sohn und engster Schüler von T. Krishnamacharya, einem der bedeutendsten Yogameister unseres Jahrhunderts.

Folgende Krititerien zeichnen dieses Buch aus:
- Anpassung des Yoga an den einzelnen Menschen, an seine Bedürfnisse und seine Erfordernisse.
- Erläuterung der psychologischen und philosophischen Konzepte des Yoga Sutra des Patañjali und deren Verbindung mit der alltäglichen Yogapraxis.
- Darstellung und Bedeutung des Atems und des Wertes von Asana, Prāṇāyāma und Bandha für die Hinführung zu Dharana und Dhyana.
- Verwirklichung des Prinzips von Vinyasa Krama: Das schrittweise Hinführen zu den unterschiedlichen Techniken des Yoga.
- Reichhaltig illustrierte Übungsfolgen und die Beschreibung vieler Variationen der klassischen Asanas.

Mit Yoga Nidra das Leben meistern

Das Energiepotenzial des Unbewussten erkennen und die Kreativität der Alpha-Ebene nutzen

Anna Röcker

Hardcover, 192 Seiten, ISBN 978-3-86616-069-9

Leicht erlernbare „magische" Praktiken ermöglichen es auf verblüffend einfache Weise, die Fähigkeiten des Geistes optimal und zielgerichtet zu nutzen. Auf verschiedenen Stufen führt Yoga Nidra von einer ganzheitlichen, tiefen Entspannung bis hin zur Lösung von alten Mustern und Blockaden sowie Programmierungen aus der Kindheit. Davon frei zu werden eröffnet völlig neue Möglichkeiten, die innere Stimme zu hören und das eigene kreative Potenzial zu entwickeln und für die eigene Lebensgestaltung einzusetzen. Im besten Sinne führt Yoga Nidra nicht nur zur eigenen Weiterentwicklung und inneren Freiheit, sondern zur Mitgestaltung und Erhaltung der Schöpfung. Yoga Nidra ist für jeden Menschen geeignet, da es sich um ein in sich schlüssiges System handelt. Das uralte Yoga Nidra-Wissen wird damit zum Schlüssel für die „neue Zeit", von der die moderne Gehirnforschung spricht.

Mit Yoga Nidra das Leben meistern, CD

Übungs-CD – ISBN 978-3-86616-070-5

Kraftquelle Yoga   2. Auflage

Das Praxisbuch des Viniyoga

Gary Kraftsow

Paperback, 360 S., Großformat, über 1000 Fotos
ISBN 978-3-86616-027-9

„Der Stern des Yoga geht auf." Mit diesen Worten beginnt ein Buch, dessen Lektüre für alle Yoga-Praktizierenden zu einer Sternstunde des Yoga werden kann. Im ersten Teil des Buches, das auf einzigartige Weise eine Vielzahl von Themen in großer Tiefe behandelt, erläutert der Autor die Grundlagen der Yoga-Praxis, zu denen körperliche Haltungen, der Atem und der richtige Aufbau einer Yoga-Stunde gehören, sowie die Biomechanik der Bewegung anhand einer Reihe praktischer, in sich abgeschlossener Übungsreihen. Der zweite Teil behandelt das enorm große Heilungspotenzial, das der Yoga-Therapie innewohnt. Für eine Vielzahl körperlicher und seelischer Erkrankungen zeigt der Autor – stets wissenschaftlich fundiert – eine Fülle von Übungsreihen und Haltungen, die in hohem Maße zu ihrer Heilung beitragen können. Einzigartig sind auch die exzellenten, über 1000 fotographischen Darstellungen und detaillierten Anleitungen zu den einzelnen Asanas. Dieses Buch ist eine Goldgrube praktischen Wissens, das den Leser immer wieder zu neuen Erkenntnissen führen wird.

Die Heilkraft der Mudras

2. Auflage

Körperliche Gesundheit,
geistiges Wohlbefinden
und spirituelle Kraft durch
Finger-Yoga

Acharya Keshav Dev

Hardcover, 148 Seiten, 84 Fotos
ISBN 978-3-936486-78-0

Mudras sind Yoga-Haltungen, die mit den Fingern ausgeführt werden. Archarya Keshav Dev hat diese alte indische Wissenschaft als Schlüssel zu Gesundheit und Wohlbefinden für die moderne Welt von heute wieder neu entdeckt und durch eigene Mudras zusätzlich bereichert. In einer einfachen und leicht verständlichen Sprache beschreibt dieses Buch die wichtigsten Fingerhaltungen und erklärt ausführlich, welche erstaunlichen positiven Wirkungen Mudras auf die körperliche Gesundheit, das geistige Wohlbefinden und die spirituelle Tiefe des Übenden haben können. Auch die Rolle, die Mudras in der Meditation spielen, wird eingehend erläutert. Zahlreiche Fotos veranschaulichen die beschriebenen Mudras und machen es dem Leser leicht, sie eigenständig zu erlernen und zu üben.

Pranayama

Vitalität und geistige Klarheit durch
Atemschulung

Ranjit Sen Gupta

Hardcover, 184 Seiten, 33 Abb. und Grafiken
ISBN 978-3-86616-012-5

Der Atem ist unser ständiger Begleiter. Durch ihn können wir Prana aufnehmen, die kosmische Lebenskraft und Energie. Pranayama – eine der zentralen Praktiken des Yoga sowie das vierte Glied im achtgliedrigen Yoga des Patañjali – ist die bewusste Wahrnehmung und Lenkung dieser kosmischen Lebenskraft, die allen Lebewesen in gleichem Maße zuteil wird. Das klar strukturierte und sehr fundierte Buch will Menschen ansprechen, die in der modernen und oft so hektischen Welt von heute wieder zu innerer Ausgeglichenheit, Ruhe und Harmonie finden wollen. In einer klaren und leicht verständlichen Sprache beschreibt der Verfasser sehr detailliert eine ganze Reihe verschiedener Pranayama-Übungen, erklärt ihre Wirkung und gibt Anleitungen zu ihrer Durchführung. Darüber hinaus geht er auf die Physiologie der Atmung ein, erläutert geeignete Formen der Vorbereitung auf die einzelnen Pranayama-Übungen und vergisst auch nicht den Yoga, der ja die eigentliche Grundlage des Pranayama ist.